人《ひと》をあるく

上杉鷹山と米沢

小関悠一郎

吉川弘文館

『上杉鷹山と米沢』◆目次

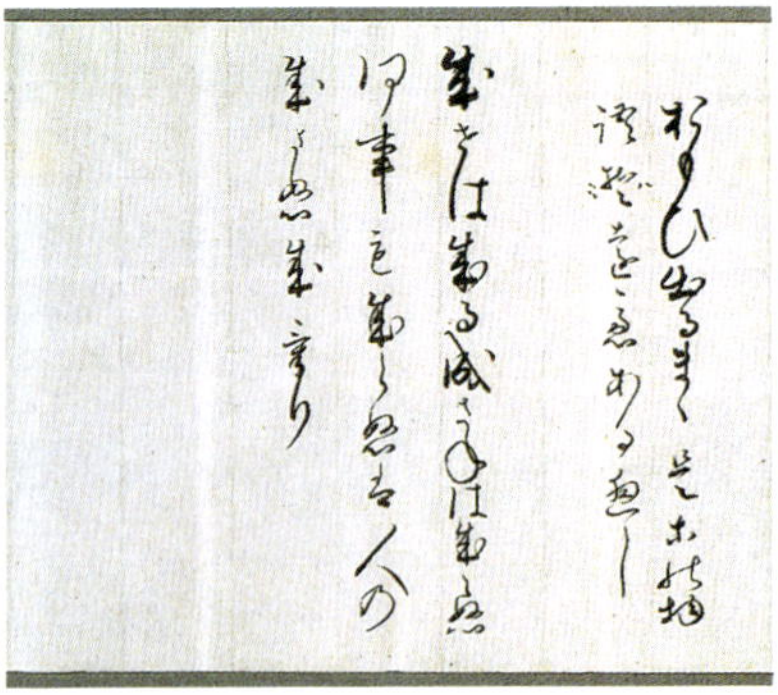

上杉鷹山書状（「成せば成る」の和歌の部分）

米沢城跡（松岬公園全景） 米沢市提供

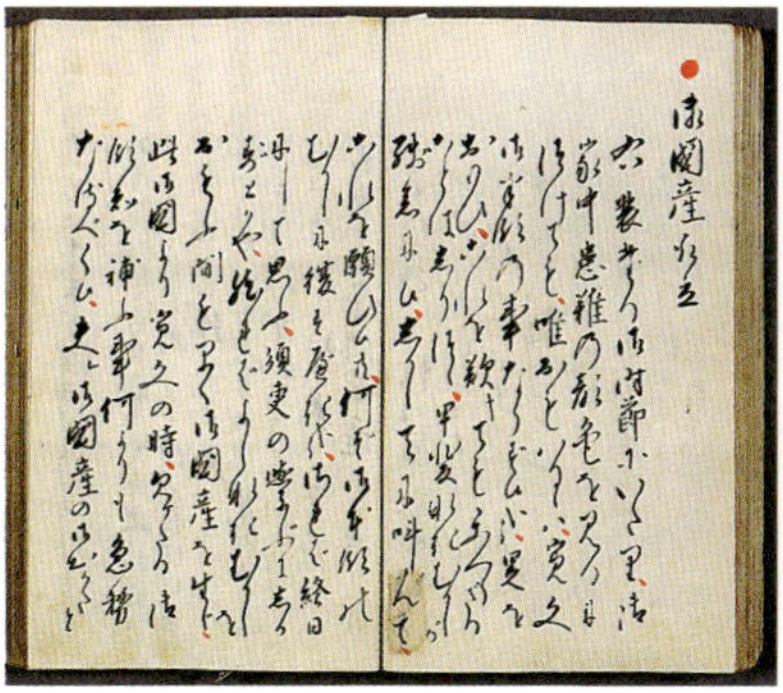
竹俣当綱『国政談』　市立米沢図書館蔵

藉田遺跡碑

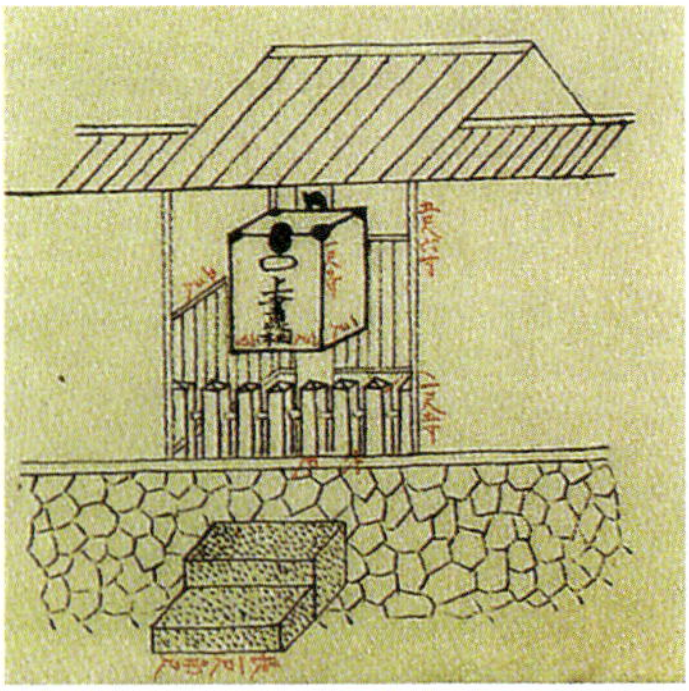

上書箱

上杉鷹山・顕孝廟所

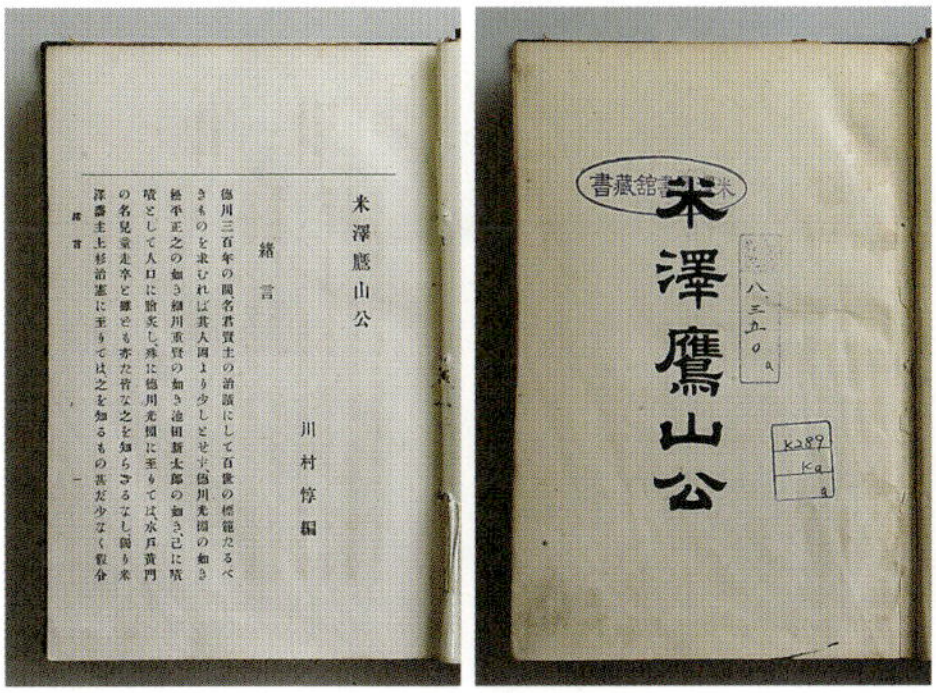

川村惇『米澤鷹山公』

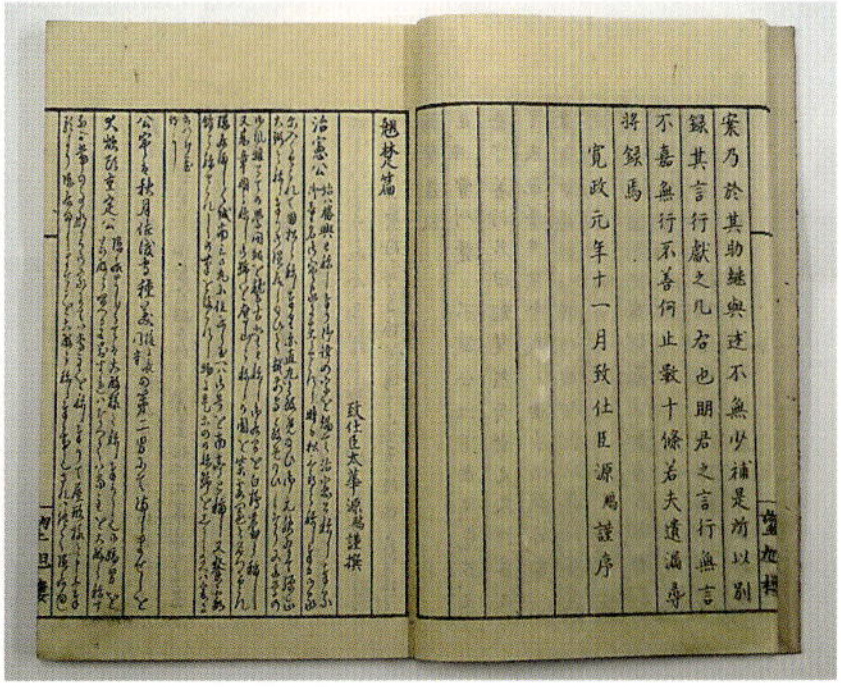
『翹楚篇』写本　著者架蔵

上杉鷹山像　左近司惟春作　上杉博物館蔵

〝成せば成る〟上杉鷹山への眼差《まなざ》し

江戸幕府の成立からおよそ一五〇年、一八世紀なかばの日本社会は、大きな時代の変動を経験しつつあった。全国で商品生産がすすみ、特産物生産地帯が飛躍的に発展するいっぽうで、その社会には貧富の格差が顕在化しつつあった。他方で、幕府・諸藩は財政窮乏の度を深めて苦しい生活を余儀なくされる武士が増え、商品生産の成果を吸収しようとする幕府・諸藩の政策が各地で百姓一揆に直面するなど、政治・社会の秩序の大きな動揺を経験したのである。こうした事態は、同時代人の目にはどのように映っていたのだろうか。明和五年（一七六八）、米沢《よねざわ》藩の藩医だった藁科《わらしな》松柏《しょうはく》は、当時の政治や社会について次のように述べている。*すなわち、「大名は誰も彼も華美な生活の中に生まれ育っているので、財政赤字の原因などはさっぱり、というありさまです。そんななか、少しでも厳しい年貢取り立てや慣行を破る新法が出されれば、年々うち続いてそこかしこから〝一揆徒党〟の情報が入ってきます。これは、そろりそろりと天下が揺らいでいる兆候なのではないでしょうか……」と。〝慣行を破る新法〟の主要なものの一つには、幕府・諸藩が、特権商人・有力農商層らと結んで実施した殖産《しょくさん》政策をあげることができる。商品生産の発展

* 一二月一二日付同藩士小川尚興宛書簡（『鷹山公世紀』三〇頁）。

を踏まえて、彼らがそれぞれの利益を追求する動きが、政策レベルで課題とされたといえるが、それは江戸時代の政治・社会がそれまで培ってきた規範や秩序を破り、貧富の格差を一層拡大する方向性をはらむものでもあった。このような状況下での民衆運動の高揚をはじめとする社会の動きは、鋭敏な藁科にとって、幕藩体制とよばれる「天下」が動揺・崩壊していくのではないかという予感を抱かせるほど、衝撃的な事態だったのである。松柏の述懐から約二〇年後、幕府寛政改革を断行した老中として有名な松平定信《まつだいらさだのぶ》が、「御触《おふれ》が出ても人びとは用いず、それどころかかえって誹謗《ひぼう》するようになり、総じて下々の民の勢いが上に立つ武士を凌《しの》いでいるように見える……」*と述べているのも、為政者としての大名衆の意識の低さを憂慮した松柏同様の危機感・衝撃を吐露したものと見ることができよう。幕藩の為政者たちは、人びとの政治的社会的意識・秩序の動揺と変容にいかに対峙し、どのような選択をするかが問われはじめていた。

本書は、こうした時代のなかで、名門大名上杉家に養子に入り、出羽国《でわのくに》米沢藩主として政治改革を行ったことで有名な上杉治憲《はるのり》（鷹山）*の生涯とその足跡をたどろうとするものである。日向《ひゅうが》国高鍋《たかなべ》藩三万石の大名秋月《あきづき》家から、著名な戦国大名上杉謙信《けんしん》以来の家柄を誇る上杉家を継いだ鷹山が、いかなる経歴を歩んで、藩主としてどのような役割を果たし、どうして現在まで「明君」（「名君」）と呼ばれることになったのか。本書ではこれを丹念にたどってみたい。

＊「愚意の覚」（天明七年六月）

＊上杉治憲　「鷹山」は五二歳の時からの呼称と言われるが、家督を相続した時期から自身頻繁に用いた雅号でもあった（大乗寺良一『郷土遺聞 鶴城史稿』米沢市役所、一九五四年、参照）。以下、本書では、よく知られた呼称である「鷹山」に統一して表記する。

ところで、上杉鷹山は、いまふれた上杉家の祖・謙信から数えて十代目の上杉家当主にあたっている。その謙信と数次にわたり川中島で対峙した武将武田信玄が詠《よ》んだ歌に、「為《な》せば成る、為さねば成らぬ。成る業《わざ》を成らぬと捨つる人の儚《はかな》さ」というのがあるという。やればできるし、やらなければできない。できることをできないといってやらないのは愚かなことだ、といった意味だが、これとよく似た「成《(為)》せば成る　成《(為)》さねば成らぬ　何事も　成らぬは人の　成《(為)》さぬ成《(なり)》けり」*と詠んだのが鷹山である。一九九〇年代以降、このフレーズを励みに活動しているといった投書等が全国紙に散見されるように、近年このフレーズは鷹山の言葉として広く知られるようになっている。もちろん、「為せば成る…」の歌自体は、以前にも注目されたことがあった。例えば、「東洋の魔女」の監督として知られる大松博文《だいまつひろふみ》氏がこれをモットーとしていたことをご存じの方も多いだろう。だが、大松氏がその著作『おれについてこい！』（一九六三年）の中で、「これは……明治天皇のお歌です」と誤記しているように（後修正）、当時はこれが誰の言葉かというよりも、「為せば成る…」のフレーズ自体に力点を置いて認識されていたようである。ところが現在では、上杉鷹山という人物自体に認識の焦点があるように見える。なぜだろうか。それは、バブル経済の崩壊後、現代の指導者や経営者のあり方が問い直されるなかで、鷹山の危機管理能力や決断力、リーダーシップに学ぼうという機運の高まりにある。一九九〇年代以降、上杉鷹山に関する書籍がかつてないペースで多数刊行されている

* 寛政元年三月二十五日上杉鷹山書状（米沢市上杉博物館上杉家文書）。世子顕孝（鷹山実子）に仕える家臣に補導の心得として示したもので「壁書」とも呼ばれる。「成せば成る…」の和歌はその末尾に記されている。目次頁の図版参照。

ことがそれを示していよう。戦後長く歴史に埋もれてきた上杉鷹山が、いま再び忽《こつ》然《ぜん》とその姿を現したように見えるのである。

だが、上杉鷹山が社会的に注目されたのは、何も近年のことに限らない。戦前期には国定修身教科書に記載されて広くその名が知られ、J・F・ケネディ*が尊敬する日本人としてその名を挙げ（たとされ）るなど、これまで歴史の節目節目でその名が何度も浮上してきたのである。いったい何が、そのように鷹山への関心を呼び起こすのだろうか。その謎を解くために見落とせないことは、上杉鷹山が高く評価され、その名が広く知られるという現象が、すでに江戸時代から始まっていたという事実である。実は、後にみるように、鷹山はその存命中から、早くも同時代の多くの人びとの関心の対象となっていたのである。だから、鷹山の名が、高い評価をともないながら現代に至るまで何度も浮上してきた要因を突き止めるためには、江戸時代の一大名としての鷹山の行動や考え方、その改革を取り巻く人物の姿、当時の人びとの鷹山へのまなざしなどについて、改めて考察することが肝要なのである。

もちろん、上杉鷹山については、これまでも数多くの伝記や著述が発表されてきた。これらに新たな知見を加えることは容易ではない。けれども、上杉鷹山研究の第一人者横山昭男氏が早く、「啓蒙的な伝記の多くはいわゆる偉人伝で、名君鷹山に理想的な道徳や仁政を求めることにのみとらわれがちである」と指摘しているように（『上杉鷹山』）、鷹山についての伝記が、類いまれなリーダーという視点から鷹

＊J・F・ケネディ　一九一七～一九六三。アメリカ合衆国第三五代大統領。

山像を描き出す傾向は、明治期以降、現代に至るまで根強く存在する。逆に、このような見方に対して、鷹山の何がすごかったのか、本当に「明君（名君）」と言われるに足るだけのことをしたのか、と疑問をもつ読者もおられよう。しかしだからこそ、上杉鷹山という人物の認知度が高まったいま、上杉鷹山の生涯に新たな光を当て、その実像に迫ることが求められるのではないか。鷹山が治めた米沢の地をあるいてその足取りを検証することは、江戸時代以来、現在に至るまで、鷹山とその改革に向けられた幾多のまなざしの、その源にさかのぼる作業でもあるのだ。

政治・経済から労働・生活にいたる多くの面で「戦後」が転換し、これからの進みゆきがいっそう不透明さを増しているように見える現在の日本社会に対して、上杉鷹山という歴史人物は何を語りかけているのだろうか。大きな変動が予感される時代に生き、さまざまな選択と行動を迫られるなかで、「明君*」の名を残した上杉鷹山と米沢藩政改革の展開を丹念に追跡してみよう。

* 本書では、すぐれた君主を表す語として、語のニュアンスや江戸時代の用いられ方を重視して、基本的に「明君」を用いる。ただし、書籍等の原文表記に沿って「名君」を用いた箇所もある。「明君」の語については、第Ⅱ章第二節参照。

上杉家歴代藩主像　上杉博物館蔵

I

上杉鷹山の履歴書

上杉鷹山の略歴

宝暦元年 (1751)	高鍋藩主秋月種美の２男として江戸に誕生。
宝暦10年 (1760)	米沢藩主上杉重定の世子となる。
明和４年 (1767)	重定隠居。第９代米沢藩主となる。藩士に10年間の大倹約を命じる。
明和６年 (1769)	米沢に初入部。
天明２年 (1782)	家老竹俣当綱を押込隠居に処す。
天明３年 (1783)	天明の大飢饉。
天明５年 (1785)	隠居し、治広に家督を譲る。
寛政３年 (1791)	莅戸善政、中老となる（寛政の改革)。
享和２年 (1802)	総髪とし、鷹山と改名。
文政５年 (1822)	死去。

一　藩主への道

“名君兄弟”

一八世紀もちょうどなかばにさしかかった宝暦元年（一七五一）の七月二十日、鷹山は日向《ひゅうが》国高鍋《たかなべ》藩三万石の藩主秋月種美《あきづきたねよし》の二男（第四子）として、秋月家の江戸屋敷一本松邸に生まれた。母は、種美の正室・心華院光子《はるこ》（春姫）。松三郎と名付けられた鷹山が生まれた当時、すでに種美と光子の間には二人の子女があった。松三郎（鷹山）の誕生に先立つこと八年、寛保三年に誕生した男子は、黒帽子と名付けられ（のち兵部）、後に高鍋藩主の地位を継ぐことになる。第七代高鍋藩主秋月種茂である。母心華院光子は宝暦七年（一七五七）、鷹山七歳の時に三十五歳で亡くなるが、鷹山が上杉家に養子入りすることになったのは、「心華院様御由緒」によると言われる。すなわち、心華院光子の母（鷹山の祖母）瑞耀院《ずいよういん》＝筑前《ちくぜん》国秋月藩主黒田《くろだ》長貞《ながさだ》室が、上杉家の出であり（第五代米沢藩主上杉綱憲《つなのり》の子）、綱憲の曾孫でもある鷹山が孝心厚く聡明であるとして、第九代米沢藩主重定《しげさだ》の子幸姫《よしひめ》にめあわせて世子《せいし》とすることを希望し、重定がそれを受け入れたという。かくて、黒帽子・松三郎の兄弟は、かたや嫡長子として生家を継ぎ、かたや他家（上杉家）への養子入りと、大きく異なる道を歩んだかに見えるが、二人の事蹟には奇妙に一致する部分がある。

上杉氏と秋月氏の関係

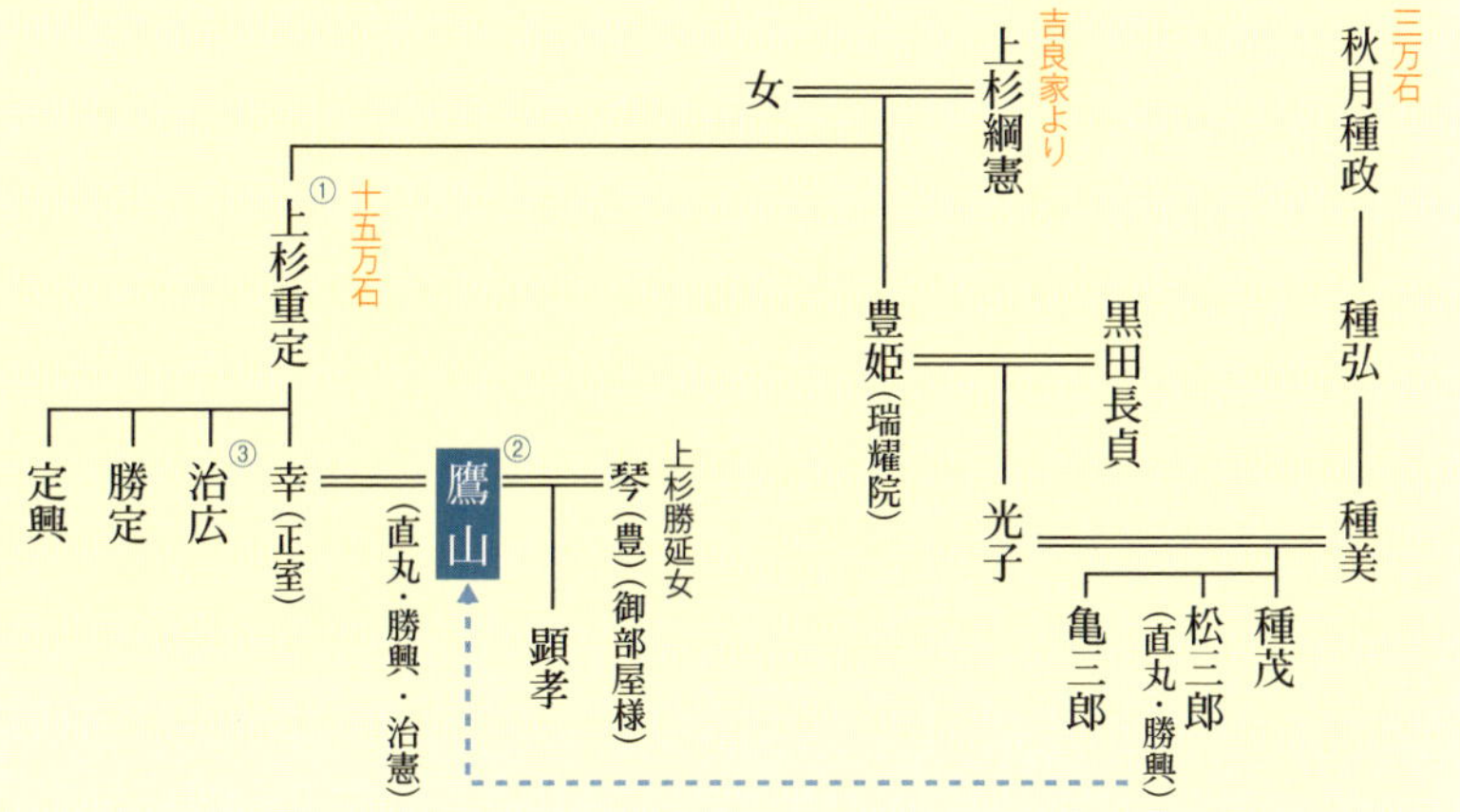

それを象徴的に示しているのが、高鍋町美術館の入り口前に設置された二体の胸像だ。そこには、若き日の「秋月種茂公之像」と「上杉鷹山公之像」が並び立っているのである。興味深いことに、種茂には、数里も離れた神社に裸足で雨乞い祈願に出かけようとしたり、鷹狩りの折に百姓と自分たちの弁当を交換して近習らに百姓の辛苦を理解させようとするなど、鷹山を彷彿《ほうふつ》させる逸話が伝えられている。つまり、二人はともに「明君」と見なされるに足る事蹟を残したのであり、並立する胸像はこのことを象徴するものだったのである。事実、高鍋町はじめ宮崎県地域では、種茂と鷹山は、〝名君兄弟〟として現在もよく知られているのだ。

秋月種茂像（右）と上杉鷹山像（左）　高鍋町美術館庭

この二人の「明君」が、ともに秋月種美と正室光子の間に生まれたのは、単なる偶然だったように思われるかもしれない。だが、〝名君兄弟〟とよばれるこの二人の生涯にはともに、高鍋藩で歴史的に形づくられてきたある制度が大きな影響を与えている。一七世紀以来、高鍋藩で行われた、家中の武士に積極的に意見具申・献策させる「存寄《ぞんじより》」と呼ばれる制度がそれである。* 兄種茂については、その治世（一七六〇〜八八）において、奉《ぶ》行《ぎょう》制度の設立や人材登用、災害対策・社倉設置、藩校設立など、米沢藩に相通ずる「仁政《じんせい》」が実施されたことが知られる。実は、これらの政策の多くが、家臣・諸役人からの意見（「存寄」）に基づいて立案されたという。「存寄」の制はまさに、種茂の高く評価される治績・政治改革の支柱として機能したのであり、種茂＝「明君」という評価と切り離せないものであるといえよう。これに対して、幼少期の一〇年間しか高鍋藩にいなかった鷹山が、

* 永井哲雄『「仁」と「諫」』（鉱脈社、二〇〇五年）。

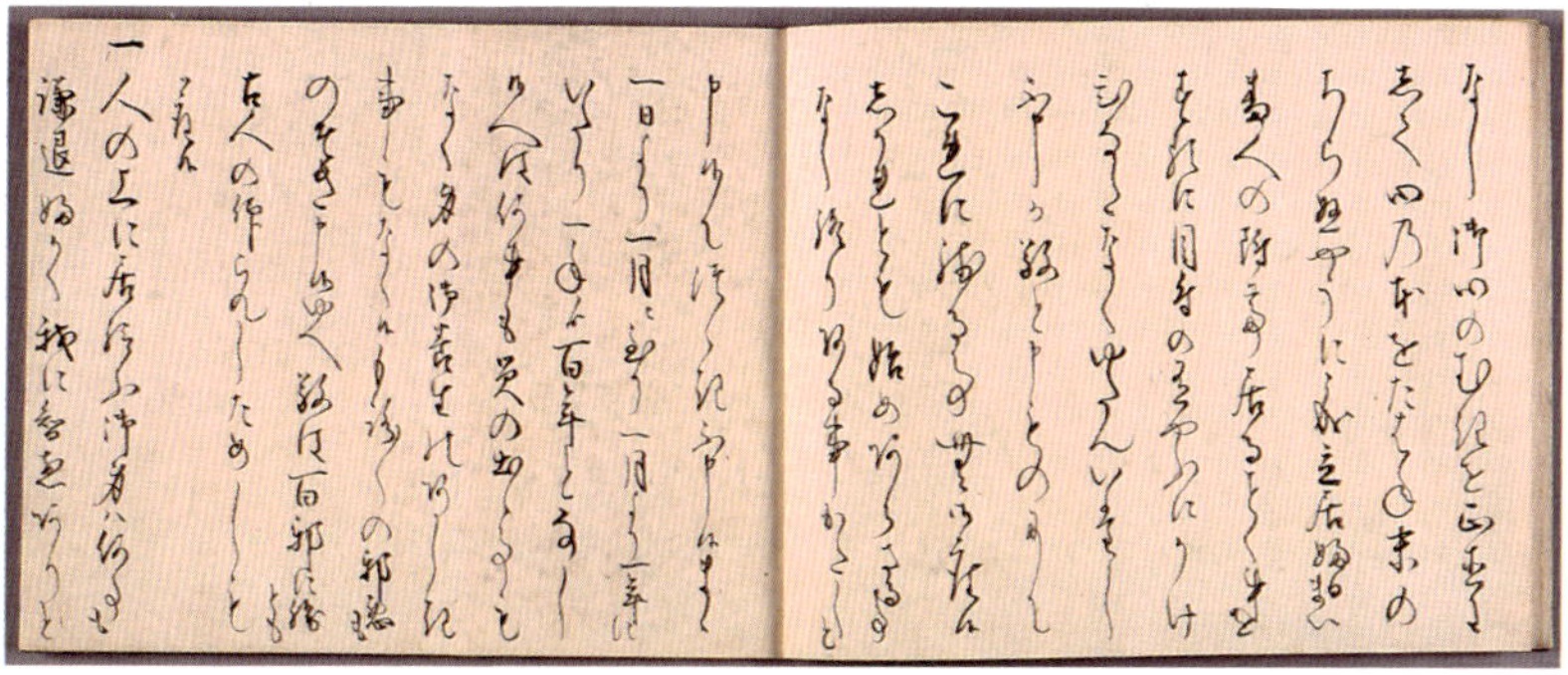

三好善太夫重道奉贐書　上杉博物館蔵

「存寄」の影響を受けたというのは、どういうことだろうか。

宝暦十年（一七六〇）八月十九日、*上杉家の養子に定まっていた鷹山は、上杉家から派遣された迎えの行列とともに桜田邸に向かっていた。高鍋藩秋月家の次男坊から米沢藩上杉家世子へと鷹山の運命が大きく変わったこの日、供奉《ぐぶ》として最後まで鷹山に付き添った秋月家の老臣が、三好善太《みよしぜんだ》夫重道《ゆうしげみち》*である。宝暦五年六月から家老となった三好善太夫は、鷹山を見送って間もない十一月二日に病没することになるが、その生涯の最後に著したのが、養子入りする鷹山に贈った「奉贐書《はなむけたてまつるしょ》」と前年十二月の言上書《ごんじょうしょ》だ。学問に励み、忠孝を尽くすべきことや、小さな事でも上杉家の作法に違犯してはならないことなどを懇切に説いたこの訓戒書は、鷹山が生涯秘蔵してその体現に努力したと伝えられる。実は、この二通の訓戒書こそは、形式的にも内容的にもまさに高鍋藩で培われた

＊　『上杉家御年譜』・『鷹山公偉蹟録』による。『鷹山公世紀』は十月十九日とし、横山昭男『上杉鷹山』もこれに従っている。

＊　三好善太夫重道　一七〇四〜一七六〇。三好家は高鍋藩で代々家老をつとめた。

「存寄」と同様のものであるというのだ。鷹山が生涯にわたり大きな影響を受けたものとしてその存在が知られてきた二通の教訓書は、高鍋藩が歩んだ歴史を背景に成立したものだったのである。このように、鷹山登場の背景として、高鍋藩が歴史的に培ってきた制度や人物の存在は、決して見落とすことのできない意義をもっていたのである。

上杉氏の養子となる

こうして高鍋藩江戸屋敷（一本松邸）で過ごした幼少期の一〇年間は、のちの鷹山にとって決して小さくない意味を持っていたと考えられるが、宝暦九年春、鷹山はいよいよ米沢藩主への道を歩み始めることになる。三月五日、家老以下が出迎えるなか、初めて上杉家桜田邸を訪れたのである。その日、鷹山は、養父となる上杉重定、縁組が決められていた幸姫と対面し、暮時まで饗応を受けて一本松邸に戻った。同月二十八日にも桜田邸に招かれた鷹山は、翌年になると、四月十六日、五月十九日、六月二十一日、七月五日、二十一日、二十七日、八月十四日と桜田邸入りする。この間、六月二十七日に幕府から養子願が許可され、翌日養父重定の命により名を直松から直丸に改めた。このように、内約後、着々と養子入りの準備が整えられて鷹山もこれを着実にこなし、ついに八月十九日、高鍋藩一本松邸から桜田邸に移る日を迎えることになる。「後々まで公子（＝鷹山）のご発展を願い、ご成長の後も折にふれてご覧いただき、少しでもお役に立てば……」（「奉臆書」）という三好善太夫の言葉は、この日、最後まで付き添い、少年だった鷹山を送り出した三好の心境を映し出しているかのようだ。

かくて同日、鷹山は実名を勝興《かつおき》と改めて若殿様と称されることになった。いよいよ世子・次期藩主として、米沢藩上杉家での生活が始まったのである。藩主の座に着く明和四年（一七六七）までの間、手習《てならい》初め（八月二十二日）、読書初め（宝暦十三年正月十七日）、額直しの式（同年四月十九日）等々、成人・藩主着任に向けた諸行事が続き、この間、木村丈八ら*が小姓として鷹山に近侍することになった。明和元年閏《うるう》十二月十五日には、将軍家治《いえはる》に初めての拝謁、翌年七月十八日には、家治臨席の下、江戸城黒書院にて元服の儀式が執り行われた。上杉弾正大弼《だんじょうだいひつ》治憲を名乗るのはこの時からである（以上『上杉家御年譜』）。

米沢藩を揺るがす「蔵元逼迫」　以上のように見てくると、宝暦年間には鷹山の襲封に向けた準備が淡々と進められつつあったかに見える。ところが、この期間は、米沢藩を揺るがす事件が次々と生じた時期でもあった。凶作に端を発する宝暦五年の城下打ちこわし、同十年の北条郷青苧《あおそ》騒動（百姓一揆）、同十三年の重定近習森平右衛門《もりへいえもん》謀殺事件、幕府への領知返上の画策などは、米沢藩政の動揺と混乱を端的に表している。人口の減少→耕地の荒廃・村の負担増大→さらなる人口減少という悪循環にあった農村の動揺、藩士の知行・俸禄の五〇％カットを意味する〝半知《はんち》借上《かりあげ》〟の恒常化に伴う家臣団統制の緩み、信頼関係の崩壊による金融の閉塞などは、これらの事件の大きな背景をなしていたといえよう。そして、その根本にあったの

＊ **木村丈八**　一七三三〜一七八三。竹俣当綱・莅戸善政・藁科松柏らと同志で、安永五年からは世子治広の傅役もつとめた。

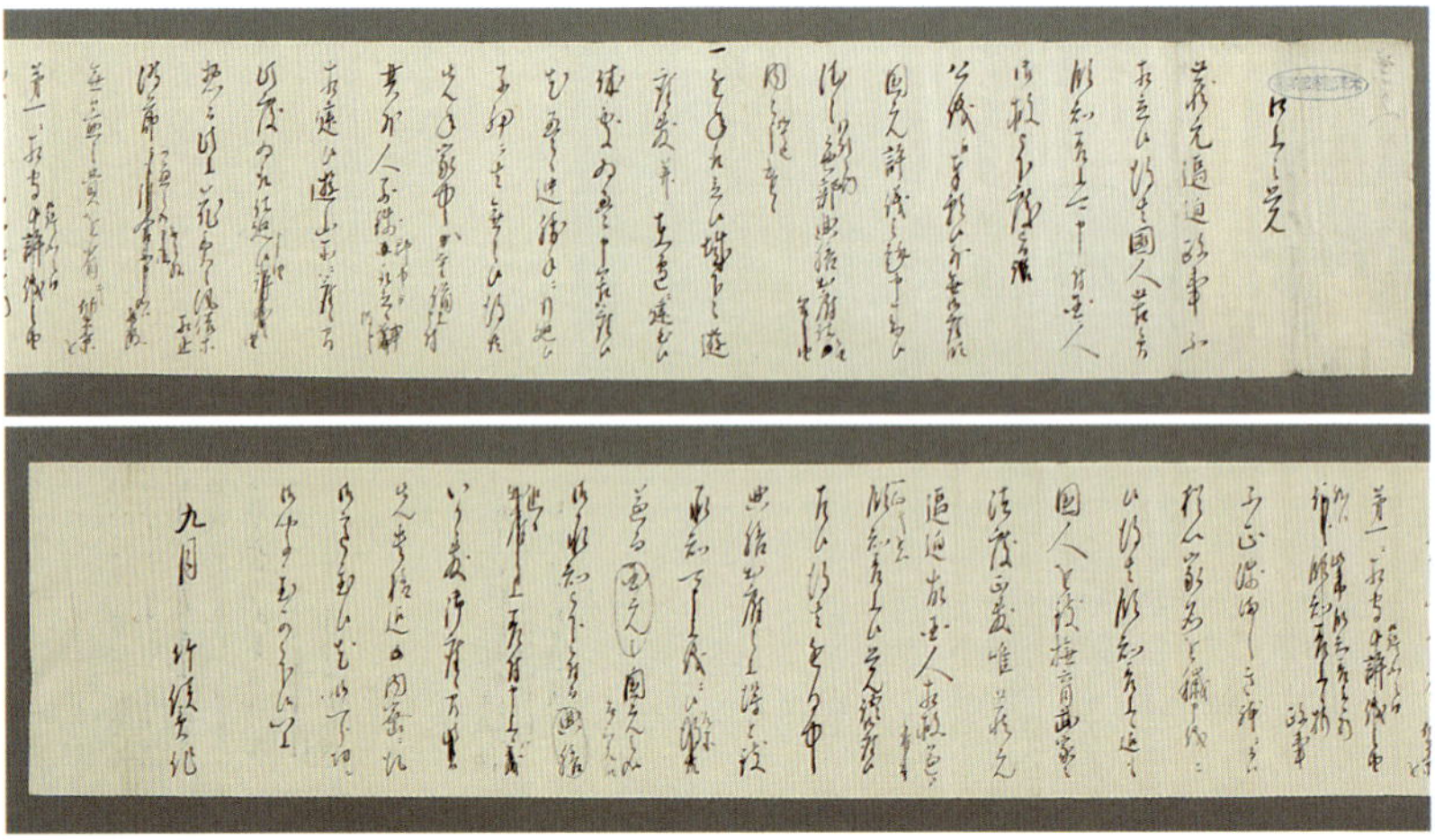

領知返上の案文（竹俣美作口上之覚案）　上杉博物館蔵

が、よく知られる藩財政の逼迫《ひっぱく》であり、宝暦末年の主な都市商人への負債額は五万両を超え、豪華な一級品揃いといわれる上杉家伝来の家宝の多くも質入れせざるを得ないほどであった。*

ではなぜ、米沢藩上杉家は、このように危機的ともいえるほどの財政逼迫に陥ったのだろうか。その原因を説明する際によく言及されるのが、越後時代以来の段階的な藩領の縮小である。上杉家の領地は、初代藩主・上杉景勝《かげかつ》の会津《あいづ》時代一二〇万石だったが、関ヶ原の戦いを経て米沢三〇万石に、さらに寛文四年の藩主綱勝《つなかつ》の急死によって一五万石に削減された。ところが、たび重なる領地削減の一方で家臣の数は削減しなかったことから、綱勝没後上杉家の養子に入って五代藩主となった

＊　横山昭男『上杉鷹山』。

吉良上野介の子・綱憲のぜいたくなども相俟《あいま》って、藩財政は窮乏の一途をたどったというわけである。しかし、注意すべきは、藩財政の行き詰まりが大きく問題化したのが、寛文年間の削封から一〇〇年近く経った宝暦年間頃のことだったという点である。とすれば問題は、なぜこの時期に藩財政の行き詰まりが問題化したのかという点にある。現代の企業なら巨額の債務を抱えれば経営破綻に至ることは明白だが、江戸時代の藩・大名家が、財政赤字という理由のみによってつぶれた例は皆無である。それにもかかわらず、この時期の米沢藩には、老臣が〝「蔵元逼迫」のため、領知を公儀（幕府）に返上するほかない〟と評議するほどの危機感が充満していた。なぜなのだろうか。それは、藩財政の問題が、単なる財政赤字というレベルを越えて、藩領国社会の根幹を揺るがすような事態に発展していたからだ。

藩「国家」の危機―主従関係の動揺　奥羽一統の凶作によって米価が騰貴していた宝暦五年九月十日、城下近郊南原在住の下士卒および李山《すももやま》村・関村の百姓ら五、六百人が、米の払い出しを求めて城下馬喰《ばくろう》町の酒屋遠藤勘兵衛はじめ数軒に押し入って乱暴狼藉し、十三日には桐町《あらまち》の富家五十嵐伊惣右衛門に押し入って土蔵・戸窓を打ちこわしたうえ、桐町・立町の穀屋を探し回って油屋五右衛門にて乱暴狼藉を働くという事件が起きた（『米沢通鑑覧要』*）。事件後、この城下打ちこわしの首謀者として四名が処刑されたが、人びとに衝撃を与えたのは、その四名がいずれも在郷とはいえ武士、他ならぬ上杉家の家臣だったことである。家臣団の一部であるは

＊『米沢通鑑覧要』　著者不詳。慶長六年から明和四年までの記録年譜。『山形県史』資料篇四所収。

ずの彼らがなぜ、打ちこわしに走ったのか。『米沢通鑑覧要』が指摘する彼らの動機は、本来受け取れるはずの扶持米*が支給されていなかったことである。いくら凶作だったと言っても、扶持米支給の遅滞が打ちこわしを決意させるほどのことだったのかと思われるかもしれない。しかしその背景には、単年の遅滞というだけでなく、すでに俸禄支給の大幅削減が固定化していたことがある。宝永年間から断続的に行われた「知行借上」は、寛延三年（一七五〇）以来、知行取*の中上層の武士からは年貢の半分を、下層の扶持取*の武士からも相応の割合で俸禄をカットし藩財政を補填する「半知借上」策となり、それが期限を切らずに行われ、恒常化していたのである。

　打ちこわしには及ばないまでも、これと同根の事案が米沢はもちろん、江戸藩邸においても続発していた。例えば、宝暦初年のこと、上杉家の「三御屋敷」（桜田・麻布・白金の藩邸）に詰めていた大勢の足軽《あしがる》が桜田藩邸（養子決定後の鷹山がたびたび赴いた）に結集し、扶持米の完全支給を要求して勘定頭《かんじょうがしら》*（棚橋文太郎）をつるし上げるという事件が起きているが、その際の足軽らの「けしからぬ躰」には、勘定頭も茫然自失する他なかったという。宝暦元年には謡《うたい》の稽古のための集会を開いていた藩士の屋敷に乱入し、声高に善悪の評判をし、門柱や垣根を破損するといった一部家中の行状が問題化している。また、宝暦七年には、上士層の中にも身分不相応な風体で狼藉を働く者がいるとしてこれを禁ずる「厳命」が触れられた*。かくて、上

---

* **扶持米**　俸禄として給与された米。

* **知行取**　知行（領知）を与えられた家臣。

* **扶持取**　藩庫から俸禄米を支給された家臣。

* **勘定頭**　四六頁図・藩政の中枢機関参照。

* 荻慎一郎「中期藩政改革と藩「国家」論の形成」。

士層にまで及んでいた半知借上に対する不満は、武士各層において身分不相応の行動を取らせるほどの高まりを見せていた。それは、「御奉公道」に差し支えるもの、つまり、大名—家臣を結びつける原理である主従制・主従意識が大きく揺らいでいると見なされるほどのものだったのだ。右の一連の事件は、米沢藩における主従制の動揺が頂点に達していたことの端的な表れだったのである。

藩主の「職分」＝「仁政」の不履行

他方で、この期は、藩を構成する要素である百姓との関係もまた揺らいでいた。重臣平林《ひらばやし》霞吹が藩政の刷新を求め、竹俣当《たけのまたまさ》綱《つな》に宛てて提出した宝暦十三年六月付の意見書*は、そのことを端的に物語っている。すなわちいう、「現在、四民ともに困窮して苦しい生活を送らざるを得ないばかりか、お上に恨みを抱く心情が蔓延するに至っている。このような時だからこそ、厚く〝御恵〟を施すことが必要であるのに、ここまで逼迫した財政状況ではとてもそれどころではない。〝政教〟〝撫民《ぶみん》〟といった理念の実現は全く困難である」と。

江戸時代は、民百姓の生命・生活、経営の維持・存続（「百姓成立《なりたち》」）を社会共通の価値とした時代である。こうした価値実現のために、領主は、平時には治水や種《たね》籾《もみ》の貸与、凶作などの非常時には年貢減免から炊きだしに至るまでの支援を実施しなければならないと考えられていた。このような平時の「勧農《かんのう》」、非常時の「御《お》救《すくい》」という領主の行為は「安民」とか「撫民」と呼ばれ、そうした「仁政」を領主の責務とする考え方は、社会通念・常識として広く民衆にまで浸透しており、「民

＊『編年文書』（上杉文書一四九〇）所収。

の父母」と言われた領主がこの考え方を全く無視した恣意的な統治を行うことはできない。鷹山が家督を相続する際に「……忘るまじきは民之父母」と詠《よ》んだように、藩主にとって「民の父母」として「仁政」を行うことは「国のつかさ」としての「職分」だったのである。「御恵」による「撫民」が不可能となっていた――藩主がその「職分」を遂行しようがなかった――当時の米沢藩では、大名と領民との関係という面でも深刻な状況に立ち至っていたといえよう。

幕府への箱訴

このような状況で、さらに事態を切迫させたのが、宝暦十二年・同十三年の二度にわたって行われた幕府老中への〝箱訴《はこそ》〟である。何者かが米沢藩政の問題点を列挙した訴状を幕府老中に提出したのだ。記録によれば、幕府老中から内々に米沢藩に伝えられた訴状の内容は、上杉家の政道が乱れていること、特に、半知借上によって家臣団の生活は困難をきわめ、領民も苦しい状況に置かれて、政治は混乱している、というものだった。*以上の事態は、藩の根幹をなす大名と家臣団・領民との関係の動揺が極めて深刻なものだったことを示すとともに、それが幕府に知られることで、米沢藩が現実にきわめて切迫した状況に置かれたことを意味する。こうして鷹山が養子として上杉家に入った当時の米沢藩を取り巻く危機的状況は、緊迫の度を深める一方だったのである。

鷹山が背負った課題

このような時期に、折々「若殿様の御部屋へねらひ足、ぬき足して、推参」し、米沢藩上杉家の実情を訴えて、「さあ、御家の立つも立た

---

* 荻慎一郎「中期藩政改革と藩「国家」論の形成」。

ざるも、おまえ様のお心一つ、十万人が苦しむも楽しむも、おまえ様のお心一つと、泣きくどき申し上げ」ていた人物がいる。* 宝暦十一年（一七六一）から江戸家老をつとめていた竹俣美作《みまさか》当綱（一七二九〜九三）である。先にみたような危機状況のなかで、人目を忍んで居室に入り込んでまで、竹俣は鷹山に何を進言したのだろうか。

その進言の一端を示しているのが、藩主としての心構えを説いた明和二年正月の言上書である。*「家臣を大事にするのが治国の始め」、「家臣の志を頼みにせよ」というように、家臣団との関係構築を第一に重視してこの言上書を著した竹俣は、人を愛することが窮民を救い万民を恵む「仁政」の根元であり、それを基本姿勢として万民を統治し、国政にあたることが「天より受け継いだ職分」だともいう。すでにみたように、「天」から預かった民に「仁政」を施すことは大名の「職分」とされていた。竹俣は、こうした江戸時代の政治理念を踏まえて、主従関係・領民との関係を再構築することを大きな課題と認識し、それを鷹山にたびたび進言していたのである。

竹俣当綱肖像　上杉博物館蔵

しかし、そうは言っても、財政逼迫により藩主の「職分」遂行が困難をきわめた状況で、竹俣は鷹山にどのような具体的取り組みを求めたのだろうか。この点で注目されるのは、言上書

---

* 『治国大言録』（市立米沢図書館竹俣家文書）。天明年間、竹俣当綱が息子の厚綱にあてて、自らの心中を告白した書。
* （『鷹山公世紀』）六頁。

執筆の契機となった鷹山の次のような行動である。すなわち、この年の正月三日、鷹山は江戸城西丸に出仕の上、老中《ろうじゅう》・若年寄《わかどしより》邸に立ち寄り、七日にも登城したが、両日はあいにくの天候で、一行は強い寒気・風雨に見舞われた。ここで鷹山が、風雨に打たれた供の者に対して大儀である旨の言葉をかけていたわったことから、言葉をかけられた者はもちろん、それを聞いた他の人びとまでも「感心」したという。後年「美談」として知られる鷹山の行動とよく似た逸話だが、竹俣はこれを通して「情の主」という語を鷹山に示している。固定化した知行俸禄（＝恩）を受けるのはどの武士でも同じであり、「身に溢《あふ》れ、心に感じて命を捨る」ほどの心情になるのは、主君の「情」を感じた時だけだ、というわけだ。竹俣は、「情の主」として家臣に主君の情けを心底から感じさせて、人心を掌握するだけの周到な配慮と振る舞いを鷹山に強く求めたのである。こうして、「恩の主」から「情の主」への転換とその喧伝《けんでん》は、鷹山の生涯を通した課題の一つとなっていく。

鷹山・竹俣を支えた人びと

さて、右の意見書の中には「書物をご覧遊ばされ、先生方へもお訊（尋）ね遊ばさるべく候」との言葉があるが、竹俣が鷹山に対して求めたもう一つの取り組みに、学問の修得がある。これは、「治国の道は御仁徳に止まり、御仁徳の元は四書六経《ししょりくけい》*に全備仕《つかまつ》り候」*、すなわち治国の根本である君徳の元は儒学の経典にあるとの竹俣の考えからだが、実はこのような要求の背後には、竹俣が「師とし友とし無二の志をむすび……」と述べる人びとの存在があった。

＊ 四書六経　儒学の基本経典。四書五経とも。

＊ 『御治国評判書一』（明和三年、竹俣家文書）。

細井平洲肖像（左）藁科松柏肖像（右）　上杉博物館蔵

藁科松柏貞祐《わらしなしょうはくさだすけ》（子鱗《しりん》先生）、小川与惣太尚興《よそうたひさおき》（勿堂《こつどう》先生）、倉崎清吾一信（兎州翁《としゅうおう》）、莅戸《のぞき》九郎兵衛善政《よしまさ》（太華先生）、高津七郎兵衛唯恒（初名兵三郎、高雲先生）、木村丈八高広（馬丈壮士）、佐藤左七秀尹（佐左士）らである。＊藩医藁科松柏の書斎・菁莪館《せいがかん》に集って「菁莪社中」と呼ばれた彼らとともに、竹俣は「人の人たる道をも習い」「御国の興廃」を論ずるまでに至ったという。おおむね三手組に属する中級の藩士だった彼らは、小川・倉崎・佐藤が宝暦年間頃に勘定頭を勤めていることからうかがえるように、自身、米沢藩を取り巻く厳しい情勢に直面せざるを得なかった。このことが、学問と政治を結びつけた彼らの自覚を促し、改革の主体たらしめたといえよう。本書の冒頭で触れた藁科松柏の鋭い認識や竹俣の鷹山に対する働きかけは、こうして生まれてきたのである。

細井平洲の招聘

かくて、竹俣・藁科がともにはかって招聘《しょうへい》したのが、鷹山が師として生涯にわたって尊敬した儒学者・細井平洲《ほそいへいしゅう》である。平洲の招聘については、平洲が江戸市中

＊『治国大言録』。

で行っていた辻講釈を藁科松柏が聞いて感銘を受けたことが契機となったとも言われるが、竹俣によれば、平洲招聘は簡単なことではなかった。というのも、学問に関心を示さない藩主重定の態度が大きな障壁になったというのである。竹俣が若殿鷹山に学問の大切さを説く傍《かたわ》らで、上杉駿河守《するがのかみ》（支藩藩主）は学問好きだから骨気（骨組み・気性）が悪くなったのだとか、飛騨守《ひだのかみ》殿（畠山義紀）*が講釈を聞かれて気分を悪くなさったことだ、などと発言して水をさすこともあったという重定に対して、竹俣は重定の好んだ能や茶器に追従してようやく平洲の招聘を実現したという。*こうして、宝暦十一年（一七六一）十一月、初めて平洲を江戸藩邸に招き（藩主重定への講義実施）、鷹山元服の直前、明和元年（一七六四）十一月には桜田邸で鷹山に対する初講談が実現した。鷹山の生涯と明君像の確立、米沢藩政改革にとってきわめて大きな意味を持つことになった平洲との出会いは、竹俣らの尽力によってこの時期に実現したのである。

上杉重定と森平右衛門

以上のように、鷹山が次期藩主・世子として上杉家に迎えられて以来、竹俣当綱らは徐々に藩政の立て直し・改革に向けた布石を打っていった。ところが、当時の藩主重定は、こうした状況のなかにあっても、学問はおろか政治にすら関心を示さず、祈祷や乱舞に明け暮れていたという。他方で、政治を担うべき門閥譜代の重臣たちも結束を欠き、難局を打開するほどの指導性を発揮しうる状態ではなかった。

---

* 畠山家は侍組で最も家格の高い「高家」だった。

* 以上『治国大言録』。

　このような事態のなか、宝暦年間当時の藩政を特色づけるように台頭してきていたのが小姓頭《こしょうがしら》・森平右衛門《もりへいえもん》による側近政治である。森は、はじめ二人半扶持三石取りの与板組士であったが、元文元年に部屋住み時代（家督前）の重定の小姓になると、重定家督後も藩主小姓として寵愛を受け、寛延二年（一七四九）に新知三〇石、宝暦五年（一七五五）に御側役・五〇石、同六年には小姓頭次役に進んで侍組*に入り、同八年には小姓頭・二五〇石と異例の出世を遂げた人物である。後年、竹俣当綱が「頼もしいところもある男だった」と吐露しているように（『国政談』）、政治的に才ある人物で、商業政策・農村支配において難局打開に向けた新たな政策を打ち出した。ところが、宝暦七年の侍頭《さむらいがしら》兼二之丸奉行平林正相《まさすけ》の罷免、竹俣当綱の知行三〇〇石削禄、世襲代官小島家の改易、さらに森一族の登用・昇進が重なると、これらが森による恣意的人事・旧勢力への弾圧と見なされるようになる。同十二年に森平右衛門自身が設けた郡代所*の頭取を兼帯するようになると、人別銭《にんべつせん》（人頭税）の徴収や「半知借上」の継続とも相俟って、竹俣はじめ譜代の重臣たちはその専権性に対して強い不満を抱いた。折しも同年、幕府への箱訴が行われるに至って、竹俣と藁科松柏ら菁莪社中は重臣層の支持を背景に、米沢城内で森平右衛門を殺害するという挙に出たのである。

　ところが、森殺害の事後処理は済んだものの、重定が森の作り上げた側近体制温存の意向を示す一方で、重臣層も十分な一致結束を見ず、政治の刷新は思うように

＊**侍組**　九米沢藩家臣団の組編成において最上級の組で、高家四家・平分領一四家・平侍七八家からなる。

＊**郡代所**　もともと重臣が任に就く農村支配の取締役だったが、寛文四年（一六六四）に廃止されていた。

進まなかった。竹俣当綱が鷹山に次期藩主としての心構えを説いたのは、このような時期のことであった。これと同時に竹俣は、藩主重定に対して隠退を強く迫るようになる。竹俣家文書に残された「留帳」*には、「前々から申し上げている上杉家の衰えをどのようにお考えか、重定の行状は誠に恥ずかしく情けない、せめて物忌祈祷や乱舞の半分だけでも国政に心を尽くせば、このような事態には立ち至っていないはずだ」などと、重定を厳しく追及する言葉が記されている。かくて重定は隠退の意向を示し、明和四年、いよいよ鷹山は米沢藩主の地位につくことになるのである。

二 「仁政」を求めて―明和・安永改革の展開―

家督相続と政治改革の開始

明和四年（一七六七）四月二十四日、鷹山は、養父重定、支藩主・上杉勝承《かつよし》*とともに江戸城に登城する。幕府老中が列座する白書院において鷹山は、「大炊頭《おおいのかみ》（重定）病気につき隠居、願いの通り仰せつけらる。養子弾正大弼《だんじょうだいひつ》（鷹山）へ家督仰せつけられる」という将軍徳川家治の上意を月番老中阿部伊予守から申し渡された。鷹山が上杉家の家督を継ぎ、第九代米沢藩主に就いた

＊留帳　表紙に「御隠密御用、御日帳へはこれを除く」とある。

＊上杉勝承　一七三五～一七八五。米沢新田藩は、享保四年（一七一九）に藩主吉憲の弟勝周が一万石を分知されて成立した支藩。

瞬間である。以後藩主として「屋形様」と称される鷹山がこの時詠んだ和歌が「受次て国のつかさの身となれは忘るましきは民の父母」の一首だった。「民の父母」は、『詩経《しきょう》』や『孟子《もうし》』を典拠とする語で、民を子のように慈《いつく》しんで政治を執り行う君主の理想像(「明君」)を表す言葉である。鷹山は、「民の父母」が実現すべき「仁政」や「安民」という、当時民衆にまで共有されていた政治理念を強く意識して、藩主としての歩みを開始したのだ。

翌二十五日に、鷹山は阿部伊予守宅などを訪ね、二十七日には将軍以下に家督御礼の献上を済ませると、五月十一日には、家臣団から家督相続の祝儀を受け、米沢にも御内書が送られた。八月一日、鷹山は江戸から米沢に内使を派遣し、春日山林《かすがさんりん》泉寺《せんじ》境内の春日社に誓詞を、九月には白子神社にも誓文を奉納した。そこには、学問・武術を怠らず、「民の父母」の心得を第一に、藩主として適切な行動をとるべきこと、大倹を実施して国家を中興するという決意が記されていた。鷹山はこれを

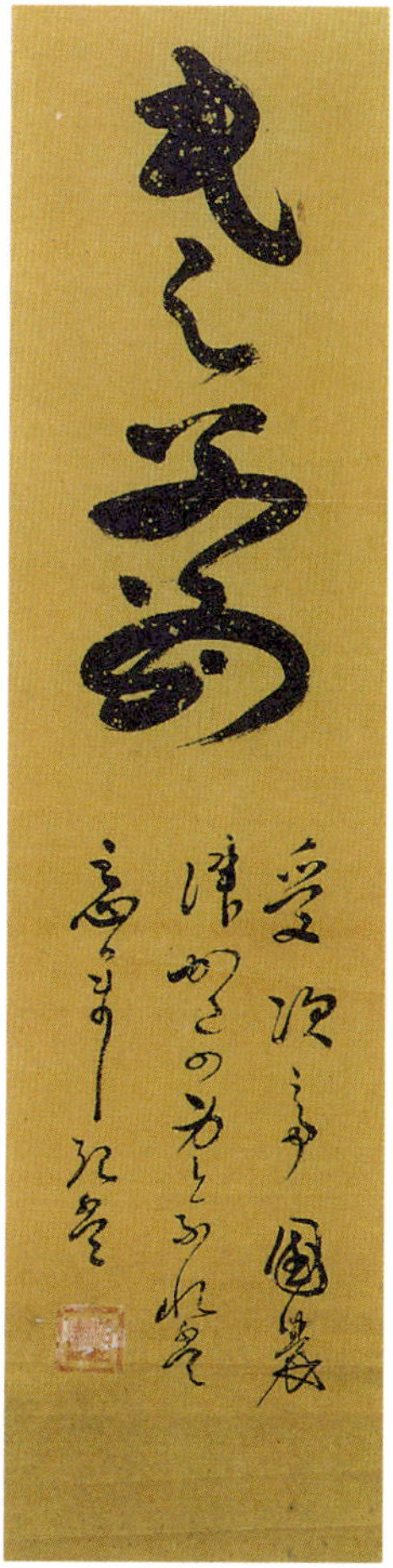

上杉鷹山和歌「民の父母」
上杉博物館蔵

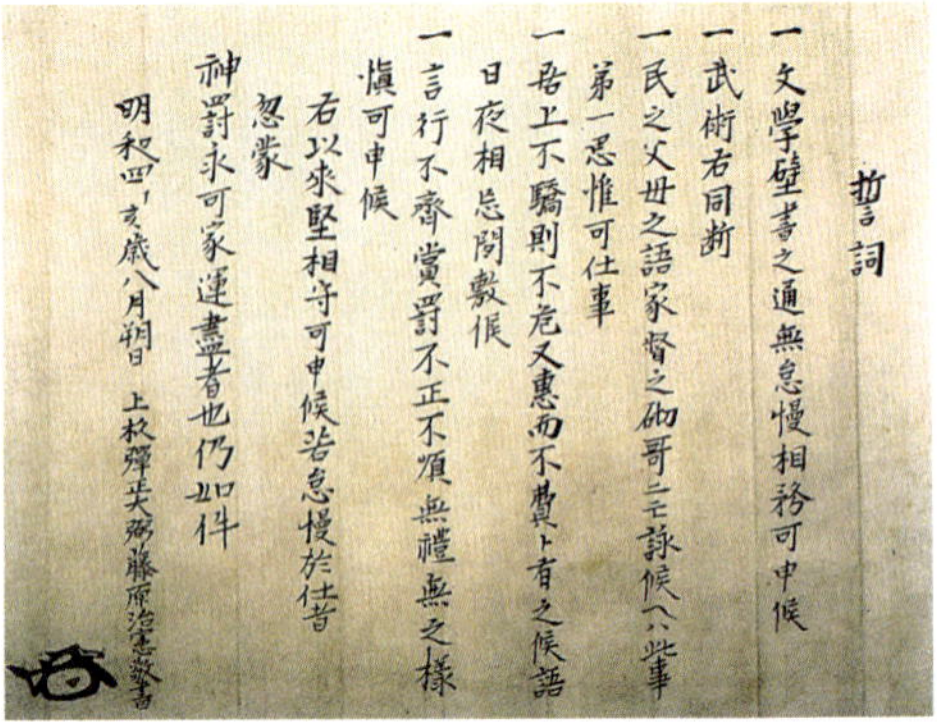

誓詞

一 文学壁書之通無怠慢相務可申候
一 武術右同断
一 民之父母之語家督之砌哥ニモ詠候ヘハ此事第一思惟可仕事
一 居上不驕則不危又恵而不費ト有之候語日夜相忘間敷候
一 言行不斉賞罰不正不順無礼無之様慎可申候
右以来堅相守可申候若怠慢於仕者忽蒙神罰永可家運尽者也仍如件
明和四丁亥歳八月朔日 上杉弾正大弼藤原治憲

上杉鷹山誓詞　上杉神社蔵

上杉家が代々尊んできた神々に誓ったのである。

かくて九月十八日、鷹山は江戸勤番の藩士たちを前に大倹の方針と意志を表明する。この時鷹山は、（領地削減により）「大家」から「小家」になったにもかかわらず「質素律儀」の風も失われてしまっている、と米沢藩の現状に対する率直な認識を伝えた。同時に、家臣団からの借上で上杉家が存続している状況に言及して、就任直後であるにも関わらず、自らが藩主としての役割を果たせていない（「誠に国の守の甲斐あるまじく」）と述べ、自らの責任を自覚して藩政にあたる決意を伝えたのである。こうして江戸藩邸の家臣団に倹約への協力を求めた鷹山は、米沢から家老千坂高敦《ちさかたかあつ》を呼び出し、米沢の諸士にも倹約の主旨を伝えるよう指示した。綿衣着用、食事は一汁一菜、本来一五〇〇両である藩主仕切料を世子時代の二〇九両に据え置き、奥女中を五〇人から九人に減員する、などのよく知られた倹約の方針は、この時に打ち出されたものである。

重臣の猜疑と初政の困難

しかし、米沢の重臣たちはこれをよしとしなかった。国許に相談もなく大倹を実施するのは独断・軽挙であり、江戸では藩主直達、米沢には奉行職達しでは軽重のバランスを欠く、というのが彼らのいい分だったようだ。これに対して鷹山は、「志記」と題する書を著して自らの意図を説明するなど、たびたびにわたり米沢に説得の書面を送っている。ところが、重臣らは、わずか十七歳の鷹山が倹約大意のすぐれた文章を書いたというのは不自然だとして、江戸にいた莅戸善政・木村丈八の罷免を要求したのである。〝改革派〟の一員たる藩士小川源左衛門が「君上御年頃よりは抜群なる金言……、米沢癖病の四老五将、不学凡才をもって二十の学才を阻み……」と述べているのは、当時の状況をよく物語っている。結局、「保養」の名目で両名を米沢に帰さざるを得なかった鷹山は、「恨みなよ後の光りを待よかし、今のくもりは兎《と》にも角《かく》にも」*とその心情を詠《えい》じるほかなかった。

その後、江戸城西丸普請《ふしん》手伝い、幸姫との結婚、侍医藁科松柏の死去などを経て、明和六年十月二十七日、鷹山はついに米沢への初入部を果たす。リーダーとしての資質や自覚、決意を示す逸話としてよく紹介されるのが、この時の鷹山の行動だ。駕籠《かご》かきらの疲労を思いやって大沢駅から乗馬のまま城下に入ったこと、寒風のなか寝具も整わない板谷駅での宿泊、消えかかった煙草盆《たばこぼん》の火をおこして米沢藩の再生に見立てた、などである。

なぜ、若き藩主鷹山は、人びとの心をひきつける（あるいはそのような逸話が生まれるだけの）行動をとり得たのだろうか。思い出してもらいたいのは、若殿時代の鷹

* 藁科松柏宛書簡（『莅戸太華翁』一六三頁）。

山に対する竹俣当綱の意見書だ。竹俣はこれらの逸話とよく似た鷹山の行動を賞賛し、今後も継続するようにと強く促していた。このことを踏まえれば、初入部の際の逸話は、それまで何度も周囲（竹俣ら）から求められてきた言動を、誠実に実践しようとした鷹山の姿を伝えるものとみることができよう。家臣団の心をつかむための竹俣らの腐心と、その意図をよく理解し真摯に実行しようとした鷹山の姿が浮かび上がるのである。初入部直後に馬廻組と五十騎組の鉄砲先勤争い*が起こっているように、家臣団とどう向き合っていくかということが、終始鷹山にとって大きな課題となったのである。

改革実行の基盤整備

初入部前後、鷹山は奉行竹俣当綱を中核に、側近である小姓莅戸善政・倉崎恭右衛門・佐藤文四郎・志賀八右衛門らを信任して藩政に臨んだ。明和末年には、莅戸善政を町奉行に任じ、同八年には郡《こおり》奉行を新設して長井庄左衛門・永井喜惣兵衛を抜擢し、その上に郷村頭取《ごうそんとうどり》毛利内匠《たくみ》（奉行兼帯）、次頭取大石源左衛門を配して町村の支配体制を固めた。

翌年には郷村出役一二名、廻村横目《かいそんよこめ》六名を置いて領内の中核的な村々に派遣し、あわせて世襲代官の一部を罷免、副代官を格上げして代官十人制を取り、能吏である今成平兵衛らを登用、末端に至る支配機構を整えた。*

こうした態勢の下、莅戸善政が起案した凶作・飢饉《ききん》対策としての義倉《ぎそう》*は、安永三年（一七七四）以降、備籾蔵として諸士・町人・百姓の備えとして、城下や農村部

---

* 明和六年（一七六九）、藩主在国の年に行われる鉄砲上覧の際、どちらが先勤するかをめぐって、中級家臣団である馬廻・五十騎両組が対立し問題化した。

* 『紹襲録』上杉文書五一九。

* **義倉** 凶作に備える備荒貯蓄のための蔵。

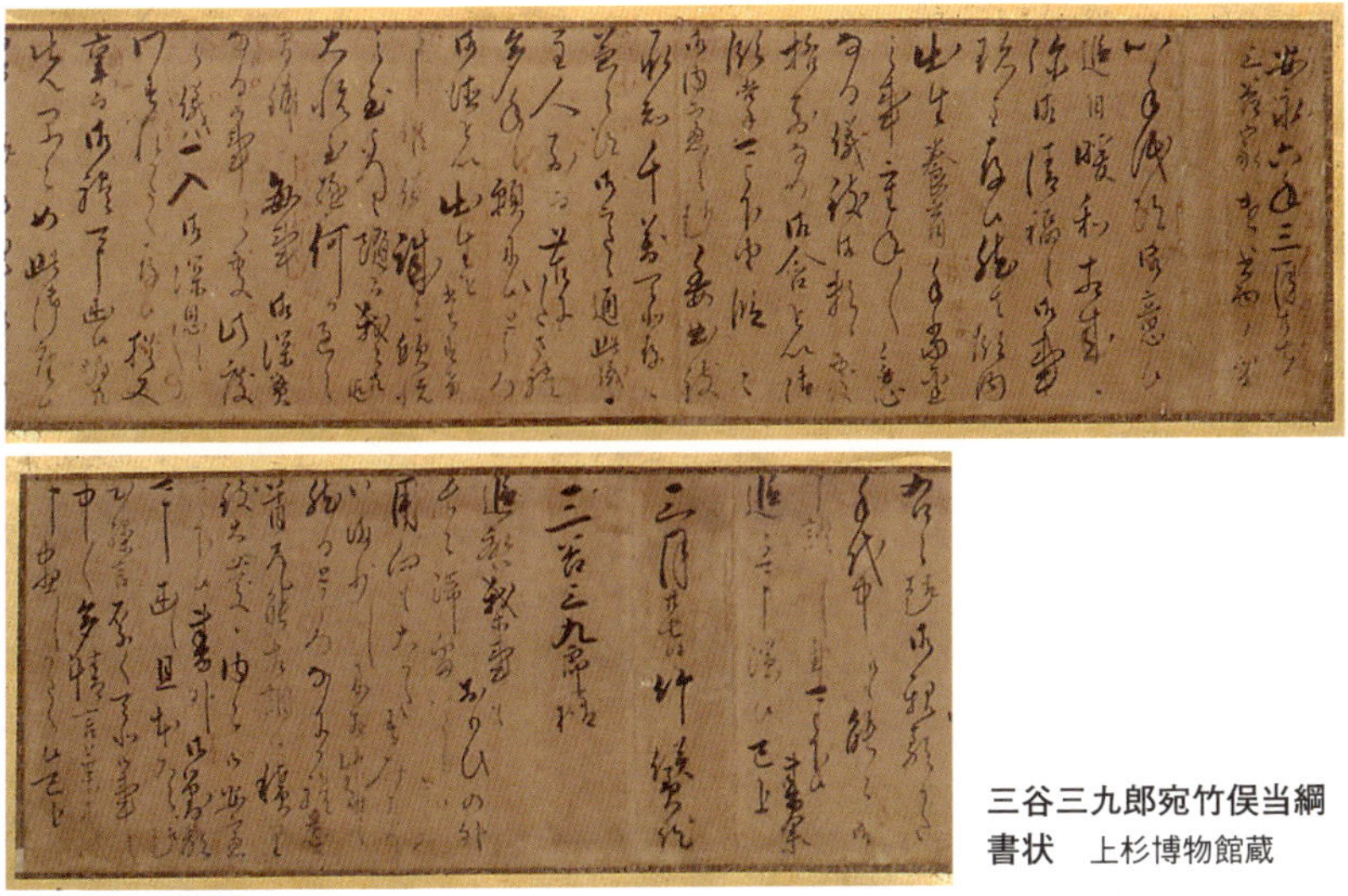

三谷三九郎宛竹俣当綱書状　上杉博物館蔵

に次々と建設されていった。また、明和四年に着手された水帳改め*や武士の年貢取立に対する統制などは、この時期の農村支配政策として重要である。

　これらの改革政策は、鷹山本人が直接指示したものというよりは、竹俣当綱が中心となって推し進められたものと考えられるが、その一方で竹俣は当面の財政的手当、すなわち資金融通をめぐる都市商人との困難な交渉に取り組まねばならなかった。というのも、森平右衛門政権の時以来、混乱する藩政のなかで、当面必要となる領外都市商人からの資金融通が逼塞《ひっそく》する事態が顕在化してきていたからだ。例えば、江戸本両替商として知られる三谷《みたに》家は、宝暦年間

＊ 水帳改め　検地の結果を記した土地台帳の改訂。

に上杉家との信頼関係が崩れ、藩主重定が直々《じきじき》に頼んでも資金融通を断るほどまったく「齟齬《そご》」した状態にあった。そこで竹俣当綱は、文化人的一面をもつ当主三谷三九郎《さんくろう》の人柄に応じて接触し、三谷家との関係が融和に向かうと見た安永三年、下役（役所役）馬場次郎兵衛*を呼び出し、次のように命じた。「この時をのがさず、三谷家の手代《てだい》を呼び下してわが国を案内し、手代と面談してわれわれの心中を開陳し、融資を頼もうではないか」と。かくて、関係部局・役人らの同意を得て江戸で調整した結果、九月十七日から数日間の日程で、三谷家手代・喜左衛門の米沢下向が実現する。竹俣は、城下周辺の漆木実蔵や漆蝋加工場、新築の備米蔵三棟、小出村の筒屋《どうや》（漆蝋《うるしろう》加工場）での蝋打、宮村の上米蔵（酒田への廻米の拠点）、荒砥の桑畑開作場・青苧《あおそ》*蔵などを喜左衛門に見せ、米沢藩の産業の現状、改革の成果と可能性を提示したのである。この時、竹俣が「地の利を尽くして国産品生産を振興するため、三谷家が融資に応じてくれるよう、くれぐれも頼み入る」として、喜左衛門に託した殖産計画書「産語」は、「産語一冊、三谷父子手代ども感心し奉り、千五百両、安永五年に御用立て申し候」というように、手代はもちろん、三谷三九郎父子をも感心させ、ついに資金融通の実現につながった。*こうして三谷家はもちろん、何人もの金主と江戸・大坂・越後・酒田などで借財整理・資金融通に向けた交渉を行った明和～安永初年の時期は、改革の始動期・本格展開の準備期の意味合いをもったのである。

* 馬場次郎兵衛　竹俣当綱の下で役所役（四六頁図・藩政の中枢機関参照）を長く勤め、竹俣の事跡を記した『聿修篇』をはじめ多くの著作をのこした。

* 青苧　青苧は、カラムシの表皮から採れる繊維で、米沢藩の名産であった。

* 以上、馬場次郎兵衛『聿修篇』（『米沢市史編集資料』二一）。

家中の〝手伝い〟

改革政策の本格展開に向けた条件整備が進められつつあった明和九年（安永元年）二月、江戸で発生した大火の災禍は江戸米沢藩邸に及び、鷹山らは大きな衝撃を受けることになる。類焼した藩邸の再建が上下万民に言語を絶する愁苦を与えるであろうことを深く憂えた鷹山は、当夜は食事にも手をつけず、「仁政」もままならないと悲嘆したという。* しかしながら、結果として見れば、この藩邸類焼は、米沢藩にきわめて特徴的な改革政策――家臣団による「御手伝忠信道」――実行の契機となった。藩邸再建のため、竹俣当綱が家臣団自らの手によって塩地平《しおじだいら》という深山から木材を伐《き》り出すことを提案したのだ。菰筵《こもむしろ》で寝起きして竹俣自ら現地で指揮を執《と》ったというこの伐り出しは、多くの家臣の動員に成功したばかりか、家臣団の雰囲気を刷新し、改革に向けて勇み立つような空気を醸成したという。「人びとの魂が洗われ……多くの人びとの心が奮い立つのは、塩地平での奮闘で初めて経験したことだった」とは、竹俣の後年の回想である（『治国大言録』）。

かくて竹俣は、領内の土地を隅なく利用し尽くすことを意味する「地の利を尽くす」を標語に、道橋の普請（土木工事）や荒れ地の開墾、築堤などに家臣団を大規模に動員していくことになる。安永四年にかけて、家中の〝手伝い〟＝自発的労働奉仕として行われ、「御手伝《おてつだい》忠信道《ちゅうしんどう》」と呼ばれたこの取り組みには、侍組（最上級の家臣）以下全階層にわたる家臣から延べ一万三〇〇〇人余が参加し、役人が作業

＊　『上杉家近来政事大略』。

従事者名を記録しようとしてもそれには及ばないとするなど、非打算的な行動をとったという。* 結果、百姓らの協力も引き出しながら、小野川村以下数十町歩の開墾、堀や橋の修築などの成果をあげたといわれる。こうした家臣団の行動に対し、鷹山が藩主としてたびたびにわたりこれを賞したのは言うまでもない。のみならず、鷹山みずから蓑笠《みのかさ》に草鞋《わらじ》ばきで耕作場に現れ、太刀の鞘尻《さやじり》で酒樽の鏡を突き割って藩士たちに酒をすすめるなど、現地を視察し、率先して苦難を共にすることをアピールしたという。

当時異例とも言えるこの取り組みは、意外にも江戸で評判となった。細井平洲が竹俣に送った書簡で*（安永二年カ十二月四日）、江戸の町人から幕府の老中らに至るまでが「衆士の手伝」を伝え聞いて、鷹山の「聖明英主」ぶりを取り沙汰していると報じているのだ。武士の体面を捨てたかにみえるこの〝手伝い〟に、多くの藩士が参加し、江戸でも好評を博したのはなぜか。安永六年頃に成立した『上杉家近来政事大略』という書物には、重臣の家柄であるにもかかわらず、蓑笠で屋敷を出ることを問題視した竹俣家の用人に対して竹俣が次のように諭《さと》したという逸話が収録されている。すなわち、「国の為、君の為」にする蓑笠・鋤鍬《すきくわ》での「御手伝」は全く「恥」ではなく、むしろそこには、「君の御為」に戦場に赴き一命を抛《なげう》つという「士の本心」を見て取ることができるのだ。「忠」で結ばれているはずの主従関係が全般に揺らいできている中、同書の著者は、藩主鷹山と家老竹俣の率先性・指導性、家臣たち

---

* 『上杉家近来政事大略』。

* 『東海市史』資料編第三巻。

の主体的・非打算的行動を高く評価したのだ。後に批判をも受けることになる「御手伝忠信道」は、かくて主従関係再構築の理想例と見なされ鷹山明君化の主要な起点の一つともなったのである。

鷹山の逡巡

こうして家臣団の空気を一新し、改革が順調に進むかに見えた安永元年(一七七二)十月、竹俣当綱は意外にも鷹山に次のような意見を述べている。「政治を知らない人の誹謗《ひぼう》に思い悩んで改革政策実施を延期してしまったら、国家の再興はいつのことになるとお思いでしょうか。もし、非常時に際しての改革だと理解しない人びとの言葉に惑わされて、国家を失うようなことがあれば、人びとはさぞ嘆かわしく思うでしょう」と。* 鷹山は、一部の家臣の「誹謗」を受けて、「御手伝忠信道」をはじめとする改革政策の推進をためらい、このまま継続すべきかどうか決断できずにいたのである。すでに重臣層から改革への反発が表れていたなかで、一面で専権的な人事や旧例を無視するかのような政策を行ったのだから、彼らの反発が一層大きくなるのは必至だった。藩財政が好転する見通しは不十分で、家中各層の窮乏問題がなんら解決されないなかでの重臣らの批判は、鷹山にとって相当な重圧だったであろう。鷹山は、改革政策を取り下げることを現実に考えていたかもしれない。少なくとも竹俣にはそのように見えたのである。

学問と改革

ではなぜ、鷹山は最終的に竹俣を信任し続け、改革を継続することに同意したのか。それは、鷹山・竹俣に対する家臣団からの一定の支持があった

* 「済時策」(市立米沢図書館鶴城叢書)。

ことはもちろんとして、鷹山が好んだ学問を通じて醸成された政権中枢の信頼関係に求めることができるのではないか。そこで、明和末年頃の鷹山の学問的取り組みについて見てみると、細井平洲らによる講談の聴聞をはじめ、自身による講釈や会読、詩作・詩会などに精力的に取り組んでいることがわかる。例えば、明和七年から八年にかけては月々、細井平洲や片山紀兵衛一積らから四書《ししょ》や『易経《えききょう》』『国語』などの講談を受けるばかりか、支藩主勝承や近臣らを相手に『論語』『蒙求《もうぎゅう》』『文《もん》選《ぜん》』などの講釈を自ら繰り返し行っている。この間、成島八幡参詣の際には、関口六蔵らを召し出して自ら詩作を行い、同七年八月十五日には、家中約一〇〇名を召し出して法泉寺で観月の詩会を開催し、そこに参じた上杉勝承・勝延《かつのぶ》や重臣千坂与市はじめ、莅戸善政や小川与惣太尚興らに懇篤の御意を下している。同年七月以降毎月、軍者益田十左衛門から軍書の講釈を受け、安永元年正月十三日には自身「七書」*の講談を行うなど、鷹山の関心は軍学にも及んだ。同年二月十五日には神保蘭《じんぼらん》室《しつ》らと『史記』の会読*も行っている。

明和八年には、こうした鷹山の取り組みを背景に積極的な教学政策が展開する。細井平洲を米沢に招聘する議が起こり、莅戸善政らにより子細な招聘計画が立てられたのである。四月二十八日には鷹山自身、江戸の平洲宅を訪れ、極めて丁重な待遇で米沢への下向を依頼した。かくて五月、細井平洲は初めて米沢の地を踏んだ。白子神社に隣接する馬場御殿（白子御殿）を松桜館《しょうおうかん》と称して、定附門弟＝片山代次郎・

＊七書　『孫子』や『六韜』『三略』など、中国の七種の兵法書で、武人の経典とされた。

＊数人で同じ書物を読み、研究・討論するもので講釈とは異なる学習方法。

藁科和五郎、日通諸生＝上山七郎右衛門・小川源左衛門・今成吉四郎ら一一名、門弟入＝登坂吉蔵・千坂磯次ら八名をはじめとする藩士が、そこで直接平洲に学んだのである。同年八月には、聖堂で釈菜《せきさい》*の儀式も実施され、片山紀兵衛らにより『大学』などの講釈が行われた。これを経て安永五年には、「只々教化の行届候事のみ今日の大事」*との意図から藩校興譲館が開設されることになった。藩校開設にあたって鷹山は、これを「先聖王、経国大業の美事」だと述べてその喜びを表している。*

興譲館全景　上杉博物館蔵

藩校設立は儒学でいう「聖人の道」の実践と意識されて行われたのである。他方で、同年には、細井平洲によって領内小松の村民らに対する講話も実施された。平洲が「治国安民の種は孝悌忠信《こうていちゅうしん》仁義《じんぎ》と考えておりますので、是《これ》を説いて女子小人まで耳ちかく指南する覚悟です。大名方へもこの通りに教えを施しています」（『滕太《とうた》問答』*明和九年）と述べているように、「聖人の道」に基づく諸徳目は、「治国安民の種」として、民衆まで広く教化し得るのだと考えられたのである。教学政策にとどまらない諸分野においても、学問に基づいていることを標榜して改革政策が立案された。例え

＊釈菜　野菜を備えて昔の聖人をまつる儒教の儀式。

＊莅戸善政呈書（『平洲先生と米澤』）。

＊「親書」（『鷹山公世紀』一八七頁）。

＊『滕太問答』　仙台藩士畑中荷沢が平洲との問答を記録したもの。宮城県図書館蔵。

ば、郷村出役の新設も、『産語』（後述）などの「古書」の一節を参照しながら鷹山の前で行われた評議において決定されている（『国政談』*）。このように、鷹山の学問好きの側面は、藩政改革と深く結びついていったのである。

こうして鷹山は、学問的根拠に基づいて「先聖王」の治という理想の実現を目指した点でよく一致した竹俣当綱を信任し続けたのだ。莅戸善政が鷹山に対して「細井平洲の講釈を今日の政治に引き合わせてよく議論しなければならない」と迫っているように、鷹山の学問的取り組みは藩政改革推進の象徴として、家臣側からも期待されていたのである。

巻き起こる反発

かくて竹俣を中心とする改革政策が継続していくことになるが、それに対する一部家臣団の反発が顕在化したのが「七家《しちけ》騒動《そうどう》」だ。安永二年六月、千坂高敦以下侍組の重臣七名が、改革諸政策を非難し、諸政策の撤廃と竹俣当綱らの罷免を求めて、藩主鷹山に直談判するという挙に出たのである。七大臣が鷹山に提出した「七家言上書」には、竹俣の専権性や様々な「新法」の弊害などが記されていた。この時鷹山は、守旧的重臣層の抵抗に対し、言上書の内容の真偽について家臣団から意見を聴取した上で、七大臣らに処罰を申し渡したといわれる。衆議に則る形で騒動を解決した鷹山の見事な政治手腕、鮮やかな政治手法が見られるというわけだ*。ただ、鷹山自身がこの騒動の渦中でどのように行動したかを厳密に確定しうる史料は見当たらない。ここで注意しておきたいのは、「守旧的重臣」ば

---

*『国政談』 天明年間頃、竹俣当綱が自身による改革の事績をまとめたもの。『山形県史』資料篇四所収。

* 笠谷和比古『士（サムライ）の思想』（日本経済新聞社、一九九三年）。

かりでなく下級藩士層の改革政策への反発も騒動の背景にあったと考えられることだ。七家言上書に記された山上村の在郷家臣の非難――彼らからの「半知借上」をもってしても細井平洲招聘の費用につりあわない*――は、全くの虚偽だったとはいえないだろう。鷹山―竹俣には財政再建・家臣団の窮状解決に向けたさらなる改革が求められていたのだ。けれども、結果的に衆議に則った措置・鮮やかな政治手法によってこの騒動を乗り切り、権力の集中が可能になったことは、以後、改革政策の大々的な展開を促すことになった。竹俣が三谷家手代・喜左衛門を米沢に招いたのは騒動の翌年である。

「地の利を尽くす」―殖産政策の展開

かくて安永四年八月、竹俣当綱は、藩の財政収支を示す「取箇帳《とりかちょう》」を公表すると、九月十二日には、漆・桑・楮各百万本の植立計画を立案・発表する。取箇帳公示の際の告諭は、竹俣の構想と理念をよく物語るものだ。すなわちいう、「(取箇帳を公表した上は)別に不思議の術があるわけではない。地の利を尽くして農桑を振興することに専念し、荒れ地を整備し国産品を増産して、年々の歳出にあて、これによって御恵み下されるほかはない」と。財政を再建するには、領地を隅々まで利用し尽くすことで領内の生産を増すしかないという方針を、「地の利を尽くす」*(「尽地力」「地利」)・「国産」という理念によって語りかけたのだ。一五万石の領知(「このままの御領国」)から三〇万石分の収益(「御本領の御取箇」)を得ようというこの構想は、「御増地」(領地の拡張)とも呼ばれた。竹

* 『鷹山公世紀』一一九頁。

* 第Ⅱ章一〇〇頁以下参照。

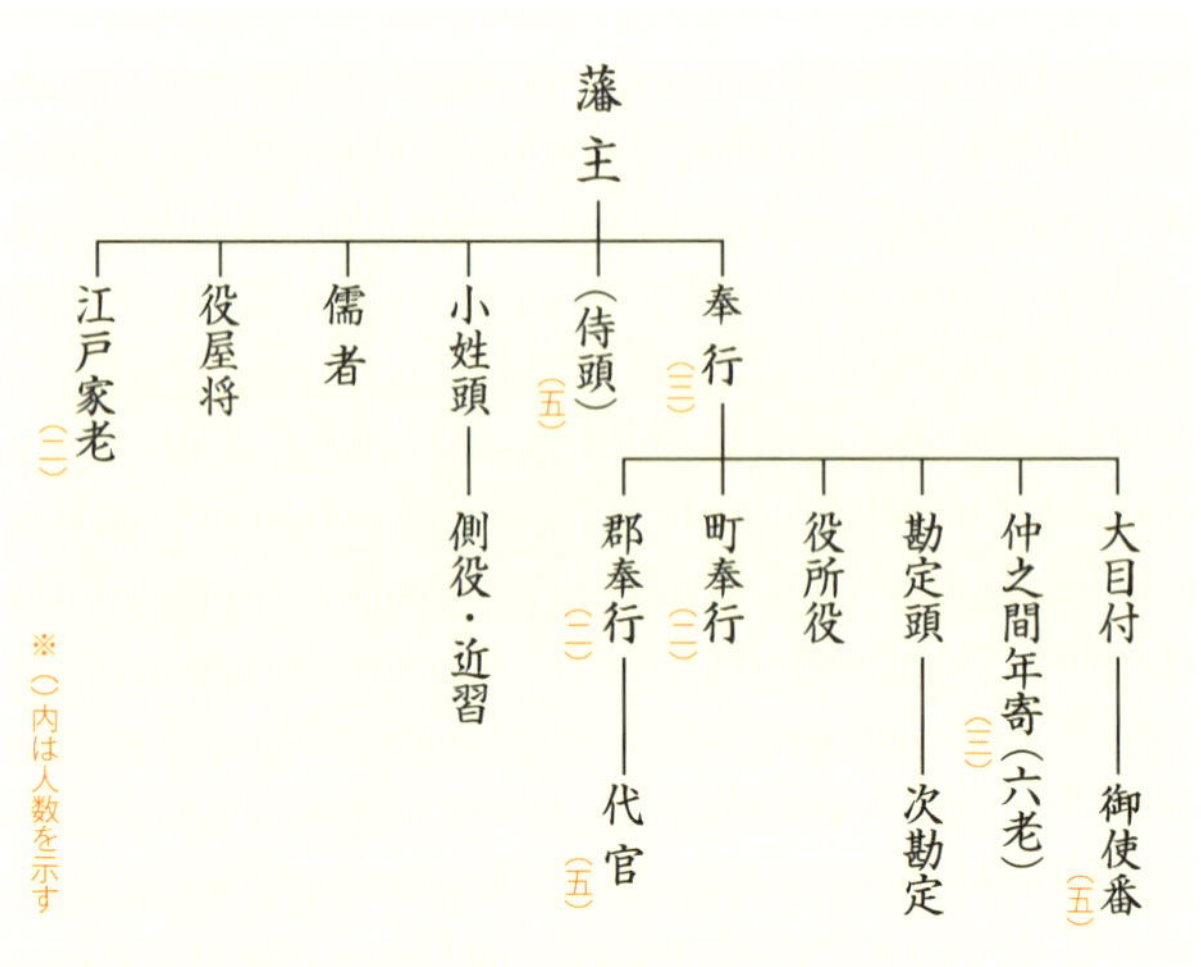

藩政の中枢機関　横山昭男『上杉鷹山』より

俣はこの構想を実現するため、二の丸東長屋に漆方・桑方・楮《こうぞ》方からなる樹芸役場を設置し、総頭取《そうとうどり》吉江《よしえ》輔長《すけなが》以下十数名の役人を任命して計画の推進に当たらせた。

この構想の発表は、家臣団に借上返知への期待感を継続させると同時に、官民あげての「地利」「国産」追求という雰囲気を現出させることになった。すでに、安永二年春、江戸にあった鷹山は、藩邸で「地の利を尽くすために諸国の良農の教えを聞かせたいものだ」と述べ、細井平洲に斡旋を依頼して秘書一冊を貸与されているが（『聿修篇《いつしゅうへん》』）、同年十月二十六日には郷村出役一二名を召し出して、「国を富まし、民を安んずるのは、地の利を尽くすことにつきる。いずれも精を出して励むよう頼む」という「上意」を伝えた。鷹山は、藩主として「地の利を尽くす」ことを強く推進する姿勢を示したのである。

奉行竹俣当綱は鷹山の信任を背景として最も精力的に「地利」「国産」追求を推進した。六人年寄、郡奉行、御使番《おつかいばん》、御勘定頭、役所役、代官を同伴して郷村出役と村々を見分した時の竹俣は、「昼夜ともにひたすら地の利を尽くすことを論じていた」という（『韋修篇』）。こうした姿勢は、登用された役人らにも浸透し、例えば代官今成平兵衛は、藍《あい》・楮・紙・塩・梨・茶など、多くの産物の導入・普及に取り組み、隠居後に至るまで「御国益」を考えて上書すること度々にわたったという（「今成家系図」今成家所蔵）。また、今成平兵衛嫡子吉四郎は細井平洲に『農業全書』*の入手を依頼し、神保子廉（蘭室）を介して受け取るとともに、『農政全書』*を閲覧することを勧められ（『上杉鷹山—改革への道』）、代官蓬田久四郎嫡子郁助と共に『農政全書国字』（安永七年四月）を著して「尽地力」に言及しつつ領内農村の状況と課題について言上した。郷村出役の村山杢右衛門《もくえもん》や片山代次郎らは、漆の根伏せ作業を推進し、同じく出役の湯野川善次や古藤長左衛門は、桑栽培について精力を傾けて研究し知悉するにいたったという。

さらに、山上辺出役（山上村近辺を管轄する郷村出役）渡部浅右衛門《わたなべあさえもん》の相談相手として植立てに動いた庄屋・斎藤五右衛門や、安永六年九月に赤湯辺出役樋口茂右衛門に植立ての費用拝借を願い出た金山村・藤右衛門のように、藩の方針である「地利」「国産」追求に乗じようとする人びとが、村方にも登場した。楮苗百万本の育成を申し出た鮎貝村《あゆかいむら》七右衛門（竹俣当綱「産語」）、縮織り技術の導入を図った小出村肝煎

＊『農業全書』　宮崎安貞著。一六九七年刊。江戸時代を代表する農書で、広く読まれた。

＊『農政全書』　中国明代に成立した農書。徐光啓著。『農業全書』にも大きな影響を与えた。

横沢忠兵衛、今成平兵衛とともに松尾梨子《なし》を国産化した高津久村肝煎《きもいり》与捴兵衛など（『聿修篇』）、類例も多い。藩主導で一方的に実施されたと見なされることもある米沢藩の殖産政策だが、上からの強制というだけでは捉えきれない民間の動きは見落とせない点の一つだ。

改革の成果　とはいえ、漆木植立てが藩の強力な主導で進められ、郷村出役らが基本的に藩側の目標達成を基準に計画の推進を図っていたことは間違いない。したがって計画が村方の実情にそぐわない場合が多々あったことも事実で、畑不足などで規定の植立本数には足りないと申し出た宮井村・小瀬村に対し、出役・渡部浅右衛門が新木を切り倒してでも植立てを進めるよう申し渡したのはその一例だ。ただ、その場合も、一方的な強制が貫徹したわけではなく、「繰合《くりあわせ》」や「繰替」などによって植立計画と村々の実情との調整が進められ、見分役人の減員などによる村方の負担軽減策も上申された。郷村出役は、村方の実情把握・負担軽減にも意を用いながら、竹俣の構想・理念の実現を図り、かつこれに乗じようとする人びとと通じて植立計画を推進していったのである。

漆の植立については、西国の櫨蝋《はぜろう》との競合による政策の失敗が指摘されることもあるが、天明二年までの漆木の植立て本数五一万九〇〇〇本余という相当な成果をあげ、多額の財源（六七四四四両余）になったと推定されている（横山昭男『上杉鷹山』）。かくて改革は一定の成果をあげつつあるかに見えた。

＊　渡部「萬勤方日記」（上杉文書九八五）。

三　隠退の謎

天明の飢饉

こうして進んだ改革に大きな打撃を与えたのが、天明三年（一七八三）の凶作である。幕府に報告した損毛高は一一万石余に及び、士民に対する緊急の救済策が必要となったのである。凶作による減免は米一万八〇〇〇俵余、金一四〇〇両余、救済米は二万五〇〇〇俵余、買米・買麦はそれぞれ一万一〇〇〇俵・二万四〇〇〇俵余に上った。米沢藩には大きな負担がのしかかったのである。

もちろん、餓死者を一人も出さなかったと言われる米沢藩の対応が、これまで高く評価されてきたことはよく知られている。蘭学者として有名な杉田玄白もそのような見方をした一人だ。玄白は、鷹山を「賢君」と称し、尾張藩主徳川宗睦《むねよし》・熊本藩主細川重賢《しげかた》・小浜藩主酒井忠音《ただおと》・白河藩主松平定信《さだのぶ》とともに、その「美政」が飢饉による餓死者の発生を阻止したと述べているのである。*

しかし、こうした評価とは裏腹に、農村の現状は深刻で、困窮農民の多くが藩の救米のみでは立ちゆかず、生活用具や農具を質入れして金銭を借用し、三月には冬を越しかねて死亡する者が激増したという。「内禿《つぶれ》・離散・欠落《かけおち》多く、百姓減少、田畑荒所多し」というのが農村の実情だったのである（横山昭男『上杉鷹山』）。

＊『後見草』下（『日本庶民生活史料集成』第七巻）。

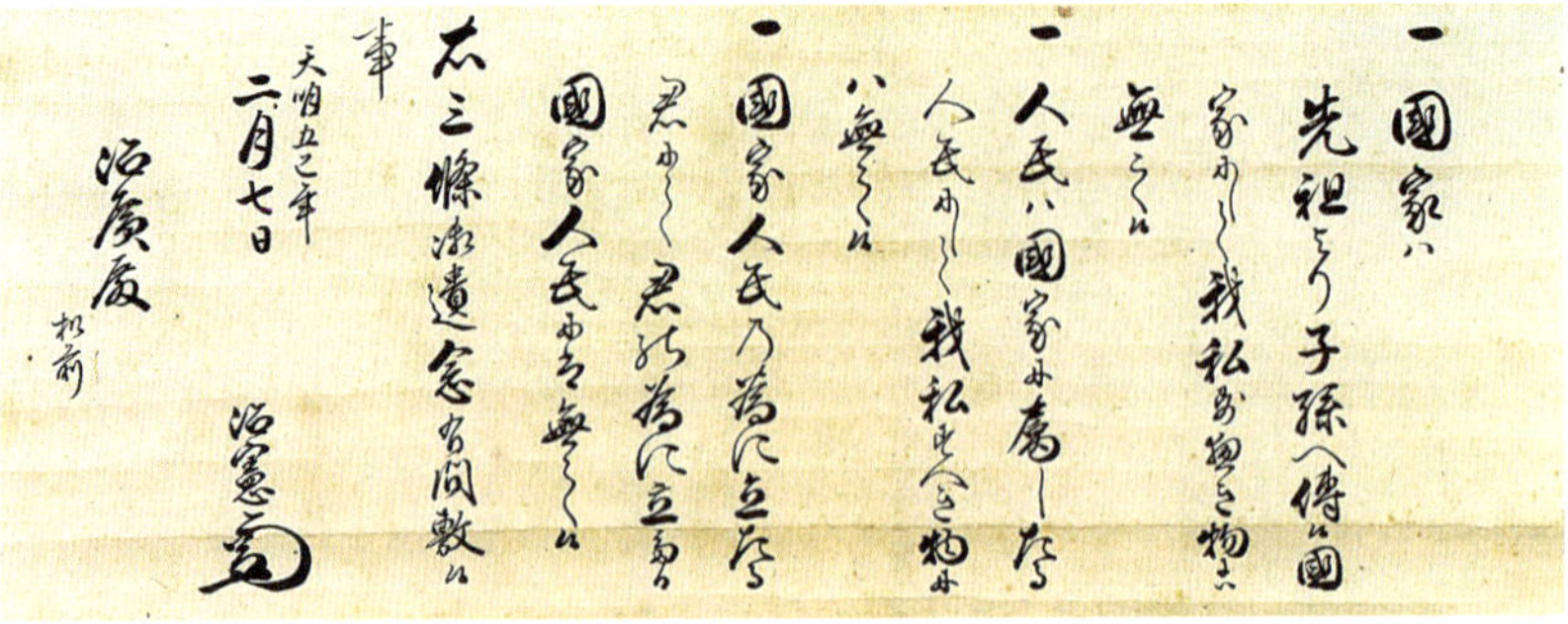

一 國家ハ先祖より子孫へ傳候國家にして我私すへき物にハ無之候
一 人民ハ國家に属したる人民にして我私すへき物にハ無之候
一 國家人民の為に立たる君にして君の為に立たる國家人民にハ無之候
右三條御遺念有間敷候事
天明五巳年
二月七日　治憲（花押）
治廣殿
机前

伝国の辞　上杉神社蔵

隠退を言明

こうしたさなかの天明四年九月十六日、鷹山は唐突とも見える隠退の内意を家臣に言明する。そして翌天明五年二月六日には、世子治広を同道して江戸城に登城し、治広の襲封を許されるに至るのである。鷹山が天明飢饉のさなかに三十五歳の若さで隠退したことについては、莫大な出費を伴う幕府からの普請役を回避するためなどの説が知られている。だが、それでもなお、これまで積み上げてきた実績に基づく指導力の発揮が最も必要とされる局面であるだけに、釈然としないという読者もおられよう。なぜ、鷹山はこの時期に隠退を決意したのだろうか。鷹山の隠退にはいくつかの事情が重なっていると考えられるが、鷹山個人の心情の一端をよく伝えていると見られるのが、「国家は先祖より子孫へ伝へ候国家にして、我私すべき物には無之《これなく》候《そうろう》」という言葉だ。弾正大弼から越前守と改め、以後「中殿様」と呼ばれることになった鷹山が、天明五年二月七日、跡を継いで藩主となった上杉治広《はるひろ》に与えた訓戒として有名な「伝国の辞（詞）」の一節である。「伝国の辞」は三ヵ条からなり、よく知られる「国家人民の為に立たる君にして、君の為に立たる国家人民には無之候」の一条をはじめ、いずれも鷹山の思想が込められたものと見ることができるが、まずは隠退の決意との関係で、さきの一節を読み解いてみよう。

鷹山の宿願

鷹山の著述に『急不急』と題された一文がある。* 天明四年、鷹山隠退の意向をうけて、新藩主の初入部を天明五年中に行うかどうかを論じた江戸・米沢での有司の評義に対し、鷹山自身がその不急を説いたものである。この中で注目されるのは次の言葉だ。「私の宿願は、大殿様（重定）がお元気なうちに、中務《なかつかさ》大輔《たいふ》殿（治広）に家督を譲り、ご老体（重定）のお心を安んじることである」。次期藩主の治広は、前藩主重定の実子（男）である。この時、鷹山には実子顕孝《あきたか》がいたが、顕孝出生前、鷹山は治広を養子として次期藩主に定めていたのである。* この治広に家督を譲って自身の養父重定を喜ばせたいという思いは、小藩秋月家から名門上杉家を継いだことを強く意識し、道を誤らないよう常に恐れを抱きながら行動してきたという鷹山にとって、まさに「宿願」だったであろう。「僕は、小藩の庶子だったのが、図《はか》らずもかくも重き御家を相続することとなり、常に戦々兢々《せんせんきょうきょう》の懼《おそ》れを懐いて、兄弟にあたる方々への礼を失うまいと思い、接する時もひたすら謙遜してきた」（「思召」寛政九年ヵ）との言葉は、鷹山の上杉家に対する意識を端的に物語っている。鷹山は、上杉家の正統ともいうべき治広に、父重定存命中のしかるべき時

＊『鷹山公世紀』三二三頁。

＊ なお、顕孝はその後、治広の養子となるも世子時代に病没する。

期に家督を譲りたいという義理心ともいえる思いを抱いていたのである。

さらに、治広の初入部をめぐって鷹山は、「治国」よりも治広の官位昇進を優先すべきだとも言う。鷹山によれば、近世前期の「明君《めいくん》」＝岡山藩主池田光政《みつまさ》*は、終生官名ではなく通称「新太郎」を名乗ったにも関わらず、その治績によって今も賞誉されている。人君にとって最も大事なことは修身治国であるから、官位の高下など議論する必要はない、というのは誠にもっともなことである。けれども、石高が漸減して国持大名《くにもち》*一の小藩となった上杉家が、現在でも天下格段のお家柄と称されているのはなぜか。家格・官位が高いこと、由緒ある打物・虎皮の飾りを見て、人びとが称するのではないか。こう述べて鷹山は、治広が江戸で官位昇進をうけた後に国入りすべきことを主張する。重定への義理心とは別に、家柄や名声といった面まで含めて上杉家を瑕疵《かし》なく後の世代に引き継ぎたい、という強い思いが鷹山隠退の大きな背景となっていたのである。

しかし、それでもなお、なぜ鷹山が天明四年というタイミングで隠退を決意したのかという疑問は残る。そこには、同時期の政局、そしてそれまでの改革が全体として帯びた色彩とそれに対する鷹山の反省があったように思われる。時間を少し前にさかのぼって、鷹山隠退の前提となったと見られる竹俣当綱の押込隠居を軸に検討してみよう。

竹俣当綱の押込隠居

安永九年（一七八〇）三月、奉行竹俣当綱が隠居願いを

---

* 池田光政　一六〇九～一六八二。備前岡山藩主。藩政確立を強力に主導し、「明君」として広く知られた。

* 国持大名　基本的に一国以上を領有した家格の高い大名で、前田・島津・伊達など一八家あった。

提出した。その前月、二月十六日に、七家騒動に関わった重臣のうち、長尾・清野・平林三家を本知に、千坂・色部を半知に復すことが決定されているのが目を引くが、ともあれ竹俣の隠居願いは安永六年十一月に続いてこれが二度目である。*そしてこの時の周囲の対応は、深夜にお忍びで竹俣宅に出向いて慰留した前回とは相当に異なっていた。まず、願いをうけた鷹山が、今回は竹俣の意向ももっともなことだとして、これを許可しようとしたのである。ところが、仲之間《なかのま》年寄長井高康が首唱して諸役筋から書面を集め、竹俣の留任を願い出た。三月十一日、これをうけた鷹山は、竹俣を御前に召し出して、信國《のぶくに》の刀を下賜し、衆心の要望に鑑みて隠居願いを差し戻す旨、懇切に説いた。*鷹山は一度願いを許す意向を固めながらも、家臣たちの声に押されるかたちで、いわば公的な場で隠居を差し止めたのだ。鷹山の公的な形での慰留は、人びとに竹俣への権力集中を印象づけるものだったであろう。

ところが鷹山は、天明二年（一七八二）十月二十九日、今度は竹俣を「押込隠居」に処することを決め、これを実行した。横山昭男氏によれば、江戸にいた鷹山は、米沢の奉行広居図書・六人年寄志賀祐親・降旗左司馬らの言上に基づいてこの決断をした。竹俣罷免の命を託されて江戸を発った莅戸善政が携えてきた「御用状」には、その罪状として、「材木之事」「内会所江金子之事」「築山隣家囲込之事」「新御殿御舞台之事」「廻村之事」「八月十二日肴之事」「藤巻・真島・三矢寝迫之事」「下女之事」などがあげられていたという。*いくつもあげられた〝罪状〟の具体的内容

* 第Ⅲ章「春日山林泉寺」の項参照。

* 『鷹山公世紀』二六八頁、『先祖書』（上杉文書九六八）。

* 横山昭男『上杉鷹山』一四九頁。

は不明である。竹俣罷免の真相はどこにあるのか。

「御用状」に列挙された〝罪状〟のうち、「新御殿御舞台之事」は、明和四年に新御殿として落成した上杉重定の隠居所を指すものであろう。天明初年にかけての重定は、安永六年に竹俣邸に赴くなど、竹俣に接近し、乱舞興行をしきりに求め、天明元年には、竹俣邸での乱舞興行を実現し、諸公子同伴で盛大な宴も催された。竹俣によれば、以前重定に隠居を強いたことが負い目となって断り切れなかったというが、*この時すでに公的に鷹山の信任をうけ、前藩主の信頼の厚いことをも示すことになるこの行事は竹俣にとって避ける理由はなかったのかもしれない。〝罪状〟の「新御殿御舞台」の新築もこれと関わっていよう。こうした中で竹俣は、藤巻新左衛門を芸者組から技芸をもって取り立てるなど、気に入りの者を次々と登用する。「藤巻・真島・三矢寝迫之事」とは、このことを指した〝罪状〟だ。

さらに、竹俣はこのような恣意的取り立てと対照的に、「直言の士」を遠ざけていく。「菁莪社中」の同志だった倉崎清吾の忠告に逆上したとされることや、竹俣との不和によると言われる天明二年四月の奉行吉江喜四郎の辞職は、その例といえよう。竹俣はこのことを次のように省みている。「大いに君寵を得たこと、衆望の盛んなことに惑わされ、年月が経つにつれて、いつとなく安心してしまった。己れにへつらう者がかわいくなり、過ちを忠告してくれる善士を敬して遠ざけるようになったというのは、全くその通りである」と。*恣意的取り立てと「直言の士」の敬

＊『治国大言録』。

＊『治国大言録』。

遠は、竹俣が思い当たる最大の〝罪状〟だった。改革が一定の成果を上げつつあるかに見えるなか、鷹山の信任表明に加えて重定の信頼まで知れ渡った竹俣は、自己に対する周囲の認識を読み誤ったのかもしれない。こうして見れば、失脚の原因は、竹俣の「安心」（慢心）に基づく専権の行き過ぎとそれに対する家臣団内部の反発にあったと見ることができよう。

ところで、〝罪状〟の中に、「廻村之事」や、藩祖謙信の忌日の前夜から翌朝まで小松の豪農宅で饗宴を張ったとして知られる「八月十二日肴之事」、「内会所江金子之事」など、「地利」「国産」追求と不可分の事案が含まれていることは、決して見落とせない意味を持っているように思われる。実は、これらの事案こそは、家臣団内の竹俣に対する反発の根底をなし、それまでの改革に対する鷹山の反省（→隠退の決意）を促したものだったように思われるからである。本節の最後に、この点について鷹山隠退前後に立ち戻って検討してみよう。

改革政策の全面否定—郷村出役罷免と廃止　天明三年に莅戸善政も隠居し、鷹山が隠退の意向を固めた直後の天明四年十月二十七日、藩士上山七郎右衛門が「姦計ヲ企テ不届ノ儀」により改易とされる事件が起きた。*　上山は、中之間組佐助嫡子で、明和八年に米沢に滞在した細井平洲の居館松桜館への日通諸生を命じられ、天明元年七月から三年間、荒砥辺管轄の郷村出役をつとめていた人物である。この事件はさらに広がりを見せ、十一月十五日には、「同断一件」により郷村出役から郡奉行

＊『上杉家御年譜』十、二二頁。

に抜擢されていた小川源左衛門も隠居閉門を命じられた。さらに同六年四月四日には、代官今成平兵衛が「事ニ座シ御呵」との理由で隠居を命じられている。* 隠居・閉門を命じられた小川源左衛門・今成平兵衛は、竹俣に登用され、それぞれ郷村出役・代官として「地利」「国産」を追求して殖産政策に積極的な役割を果たした人物だ。これらの事件からは、天明期の政権による竹俣政権否定の姿勢に加え、竹俣らが推進した「地利」「国産」の追求に対する反発を読み取ることができるのである。

さらに天明七年には、右の事件を伏線として、竹俣が推進した殖産政策の中核となった樹芸役場・郷村出役があわせて廃止されることになる。失脚後の竹俣が神保蘭室に宛てて書いた「奉答」*の記事によれば、代官・懸《かか》り役・下役が郷村出役を「内々はなはだ忌み恐れ」、出役の「落ち度」を厳しく糾弾し、「拙生（竹俣）が取り立て候と申す事より種々あしざまに申し成し、何をがなと存じ候より老臣方へもいろいろ語りきかせ」、廃止に至ったという。郷村出役らの不正（「姦計」）が、竹俣による登用と結びつけられ、廃止の理由となったのである。と同時に、郷村出役とあわせて樹芸役場まで廃止されたことの背景には、「地利」「国産」を追求した殖産政策が士風の頽廃を招いた、実はそのような認識があった。

『管見談』の批判

竹俣執政の否定と利益追求に専心する士風への批判を明確に結びつけ、整理して論じたのが『管見談』である。寛政二年（一七九〇）、藩政意見の公募に応じて藁科立遠《わらしなりつとお》が著した藩政意見書で、士農工商それぞれに分けてその

* 「今成家系図」（今成家蔵）。

* 天明八年カ。竹俣家文書。

現状と解決方策が示されている。藁科は、家臣団の「困窮」を念頭に、「家々借りたる物をも返さず、買いたるものをも値を償わず、廉恥をかき、信義を失い……困窮痛み入りし事どもなり……次第に士風も頽《くず》るるに至りし処、明和九年江戸御屋敷御類焼の砌《みぎり》、御手伝人足を仰せ付けられ、蓑笠にて出て働きしより、大いに士風破れ、恥をも恥とも思わぬ事になり、……これ他無き御手伝人足の流弊なり」と述べている。家臣団統制・百姓の労働意欲振起を意図して実施された「御手伝忠信道」が、逆に「信義」の喪失や「士風」頽廃の深刻化を招いたというのである。実はこの藁科立遠は、「七家騒動」で斬首に処せられた藁科立沢の子である。だから、竹俣に批判的なのはそのためと見ることもできるが、『管見談』が鋭い現状認識に基づいて寛政改革の方向性を示した意見書ともいわれるように、その内容には無視できないものがある。

注目されるのは、藁科の次のような批判だ。〝先年お上にて田を耕作し、菜蔬《さいそ》を売り、陶器を焼いて、縮《ちぢみ》を仕入れ、火打石から蕨《わらび》ゼンマイまで販売して、専ら「興利の政」を行われた〟。このため、公儀（米沢藩）ですら藩の増収・利益を追求しているではないかとして、金融・商業に携わって利益をあげようとする武士が続出し、公然として営利を恥じない事になってしまったというのである。安永期に実施されたさまざまな殖産政策は、公儀が営利追求を奨励したようなもので、財利に趨《はし》る人心・「士風」の頽廃を助長する「興利の政」だとして、批判的にとらえられたので

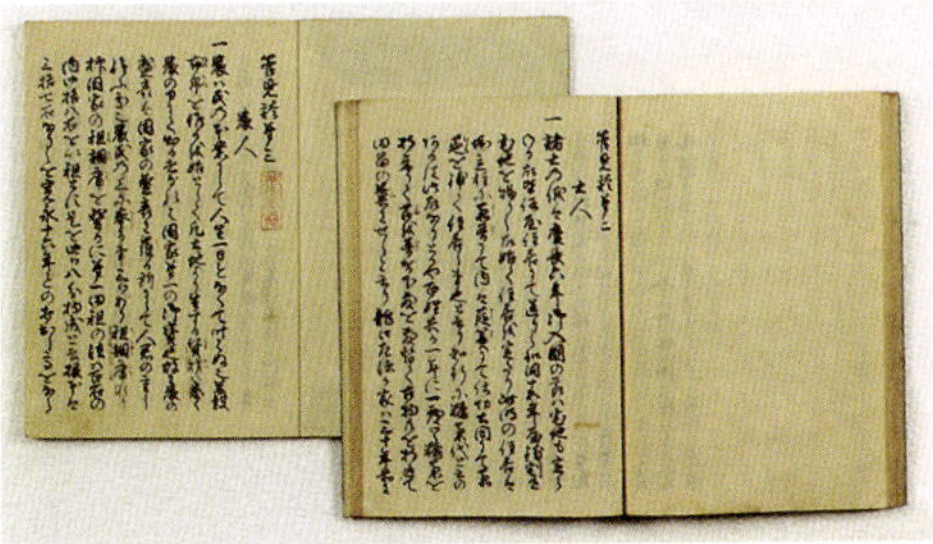

『管見談』　市立米沢図書館蔵

ある。このような「興利の政」は、この期の藩政改革の一つの主要な特色ということができ、同時期の田沼意次《たぬまおきつぐ》による幕政にも通じる側面を持つと思われる。*「地の利を尽くす」をスローガンに「聖人の道」の実践という位置づけのもとに殖産政策を実施した明和・安永改革も、早期の藩財政再建が不可能な中、社会秩序の混乱を増長する「興利の政」と見なされ、行き詰まることになったのだ。

「興利の政」を改めるには、統治の体制・人事の一新が不可欠だ。そして当時、それを最も円滑に行いうるのは、藩主の代替わりだったであろう。実に鷹山隠退の理由もここにあったのではなかったか。後年の鷹山が、家中の生活維持についての申達が「利」に趨る風潮を助長したのは「残念」だったと述べているのは、*隠退決断の理由・契機をよく示していると思われるのである。

四 寛政の改革

将軍からの表彰　天明七年（一七八七）五月、前年の凶作・飢饉と米価の高騰を要因として、江戸・大坂をはじめとする全国諸都市で打ちこわしがおこった。とりわけ、二十日から二十四日まで続いた江戸の打ちこわしは、幕府内での田沼意次

* 藤田覚『田沼意次』（ミネルヴァ書房、二〇〇七年）

* 「仰示」（文化元年〈一八〇四〉一二月、『鷹山公世紀』七六九頁）。

派と松平定信擁立派の政治的暗闘に決着をつけ、翌六月の松平定信老中就任をもたらした。定信が「打ちこわしが生んだ老中」と呼ばれるゆえんである。

幕政にこのような大きな変動が起きていた頃、鷹山は別のことで心を悩ませていた。鷹山の実父である秋月種美《たねよし》が重病との知らせが舞い込んだからである。鷹山は、江戸に赴いて自ら看病に当たりたいと願ったものの、決断できずにいた。というのも、「御家の為、御国民の為」の出費を厭《いと》わないのは当然だが、実父とはいえ他家（秋月家）の者のために出費するのは、財政窮乏で半知借上の続く家中への「義」（義理）が立たないというのである。葛藤の末、鷹山は、自分は「御国民」の先頭に立って孝道徳の実践に努める立場にあるとして、出府を決断する。手許金を厳しく倹約し費用を捻出して家臣団への義理をも欠かず、幕府には鷹山自身の病気の治療のためと称して、八月十八日に出府を実現したのであった。これは、莅戸善政『翹楚篇《ぎょうそへん》』に描かれる鷹山の姿だが、「御家中」「御国民」に対する「義」の重視や「御国民」への提示を前提とした孝道徳実践のさまは、後に見るように米沢藩寛政改革の基本的な考え方によく通じるものとして興味深い。

その一方で、この江戸出府は、寛政年間以降の米沢藩における鷹山の立ち位置を決定づけるものともなった。九月十五日、鷹山は江戸城への登城を命じられ、そこで将軍家斉*から次のような言葉をかけられたのである。「病気をおしてよう登城致した。年来国政よろしく致す段、一段にある」と。鷹山が承った旨の返答をすると、

＊　徳川家斉　十一代将軍徳川家斉（一七七三～一八四一）。

「ゆるゆる保養いたせ」との御意が重ねて下された。その後、老中列座の場で松平周防守《すおうのかみ》から「上杉越前守……国政格別にこれある段、上聞に達し、……家政の儀、猶又《なおまた》厚く心副え致し候よう仰せ出され候」との書付が与えられたのである。*この時、鷹山は、今後も「家政」すなわち米沢藩政の指導に当たるように、との幕命を受けたのだ。これによって鷹山は、隠居の身ながら藩政に関与することが決定づけられたのである。寛政年間以降、鷹山が、たびたびにわたり執政らから伺いを立てられ、その都度、書面によって回答した記録が多く残されているのは、このためであろう。かくて鷹山は、再び藩政に精力的に関与するようになる。鷹山はこの時期の米沢藩をどのように見ていたのだろうか。

信義相立たず

「暴戻《ぼうれい》の君」も「専権の臣」もなく、「賄賂《わいろ》」が行われることもない今日の「御国体」は、「何一つ他へ恥ずべきこともこれ無く候」。『夏の夕』（天明八年五月）にみえる米沢藩についての鷹山の認識である。将軍から表彰された鷹山が誇らしげに語った言葉であるかに見えるが、そうではない。これに続けて鷹山は、「ただ一つ嘆かわしいことは、勝手向の差し支えのみにて」と藩財政の逼迫《ひっぱく》を憂慮しているのである。天明年間当時、財政逼迫を凌《しの》ぐために入用金の不足分を補ったのが、家臣団からの出金と藩外の商人ら金主から借財だった。ところが、借財九八〇〇両返済のため、家臣団に三ヵ年の出金を命じ、昨年一五〇〇両を返済にあてたというのに、現在の借入額はかえって一万両を越えてしまっている。かくも困

* 『翹楚篇』、『徳川実紀』等。

難な状況に直面している家臣団にさらなる出金を課したというのにその甲斐《かい》もないというのは、全く不本意なことである。また一方で、ここまで財政が傾いてしまっては、年々の借金返済もとても不可能で、金主（借入先）らに対して「全く信義は相立たず、恥辱の上の恥辱と申すもの」だ。天明末年以降における鷹山の政治指導の発想の起点は、家臣団の「難渋」と金主らへの「信義」の回復、そのための「勝手向の差し支え」の解消（財政再建）にあったのである。

「風俗を督され候事、急務」　鷹山が特に憂慮していたのが家臣団の現状だ。文武奨励を主題とした寛政初年の意見書＝『時雨《しぐれ》の紅葉《もみじ》』で「風俗を督《とく》され候事、急務と存じ候」と述べているのはその表れである。「風俗」を督励するのが急務というのはどういうことだろうか。鷹山はいう、「家臣団には長年半知借上を強いてきたことで生活すら困難となり、自然と人心は財利にばかり赴くようになり、あしき風俗が散見するようになってしまった。このような状態で文武に励もうとする者がどこにいるだろうか」と。鷹山は、半知借上による家臣団の難渋を原因とする人心の動向＝「財利」を重んずる「風俗」を憂慮し、それを文武奨励以前の根本問題と見ていたのである。すでに見たように、鷹山は「興利の政」とその結果に対する深刻な反省に立って現状をみつめていたのである。

このような認識・反省は、決して観念的なものではない。鷹山は、「家屋財産を実子あるいは婿《むこ》の者に与えて一緒に生活し、家名相続の養子には苗字のみ譲ってあとは他人同様」という家督相続や、「土産金」*の多少を計算して養子縁組を行うといった、具体的問題をも指摘しているからだ。このような事態は、家中の家屋敷の売買による転宅が組頭の組中諸士に対する日常的な統制監察を困難とし、各組が単なる命令伝達機関の役割しか果たせなくなった、という宝暦年間以来の家中統制弛緩の延長上に捉えることができる。鷹山はこうした実態を「財利の志」が深くなった*ことによる「士風の崩れ」と捉え、憂慮を深めていたのである。こうして寛政改革は、財政再建を進めながら「風俗」の改革を図るという難題に直面していた。

莅戸善政の再登用

再度の改革遂行には、改革推進の態勢を整えることが急務であった。藩主治広小姓《こしょう》の丸山平六が、「大事を謀《はか》るの道は、広く異端を聞き給うにあり」、「重職に任《まか》ゆべき人を得て万事を任せ」ることが必要だと言上したのは（寛政元年七月二十四日）、この点に関わっている。かくて、寛政二年十月、鷹山は奉行中条至資に江戸出府を命じ、国政大改革の内意を藩主治広に伝達した。翌月には、一年間の藩財政収支を記した『会計一円帳』を開示して、無給・隠居の差別なく広く家臣団に藩政意見書の提出を求め、上書は三四〇通に上ったという。*

こうして寛政三年（一七九一）正月二十九日、奉行中条至資はじめ多数の意見に基づいて鷹山は、

莅戸善政肖像　上杉博物館蔵

＊縁組みの際、養子が実家から持参した金。

＊荻慎一郎「中期藩政改革と藩「国家」論の形成」。

＊以上『鷹山公世紀』。

本間光丘　本間家旧本邸蔵

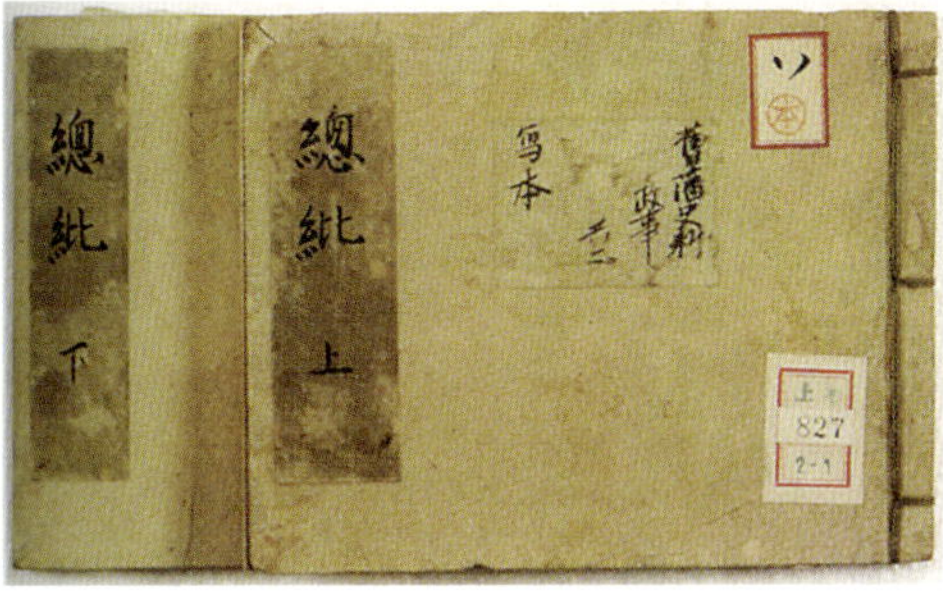

「総紕」上杉博物館蔵

蔵出五〇〇石という異例の昇格をもって莅戸善政《のぞきよしまさ》（太華）を奉行格の中老職*に抜擢し、あわせて郷村頭取兼御勝手掛*に任じる。鷹山はもちろん、藩士らにも信頼厚く、すぐれた政治能力を持ち合わせた莅戸善政を、藩政全体を総括する立場につけたこの人事によって、名実ともに莅戸善政を中核とした寛政の改革（「寛三の改革」）がスタートしたのである。以後、藩主治広の下、鷹山─莅戸のラインを軸に、大目付・奥取次次席となり政治に参与することになった丸山平六蔚明《もちあき》、政事掛に任じられた藩校興譲館提学神保綱忠（蘭室）、奉行中条至資《よしすけ》、翌年九月に広居忠起の跡をうけて奉行に就いた竹俣厚綱（当綱嫡男）らが政務の中心となって、寛政改革が進められる。莅戸の中老職抜擢後、二月には直ちに奉行宅で、時に中之間年寄黒井半四郎や勘定頭・役所役を同席させて、藩士からの意見書の検討や評議が重ねられていく。三月十五日には、追手門前政事所脇に上書箱を設置し、百姓町人に至るまでの上書を募った。こうした

---

* 宝暦元年新設されたがまもなく廃止されていた役職。

* 御勝手掛　農政・財政の責任者にあたる。

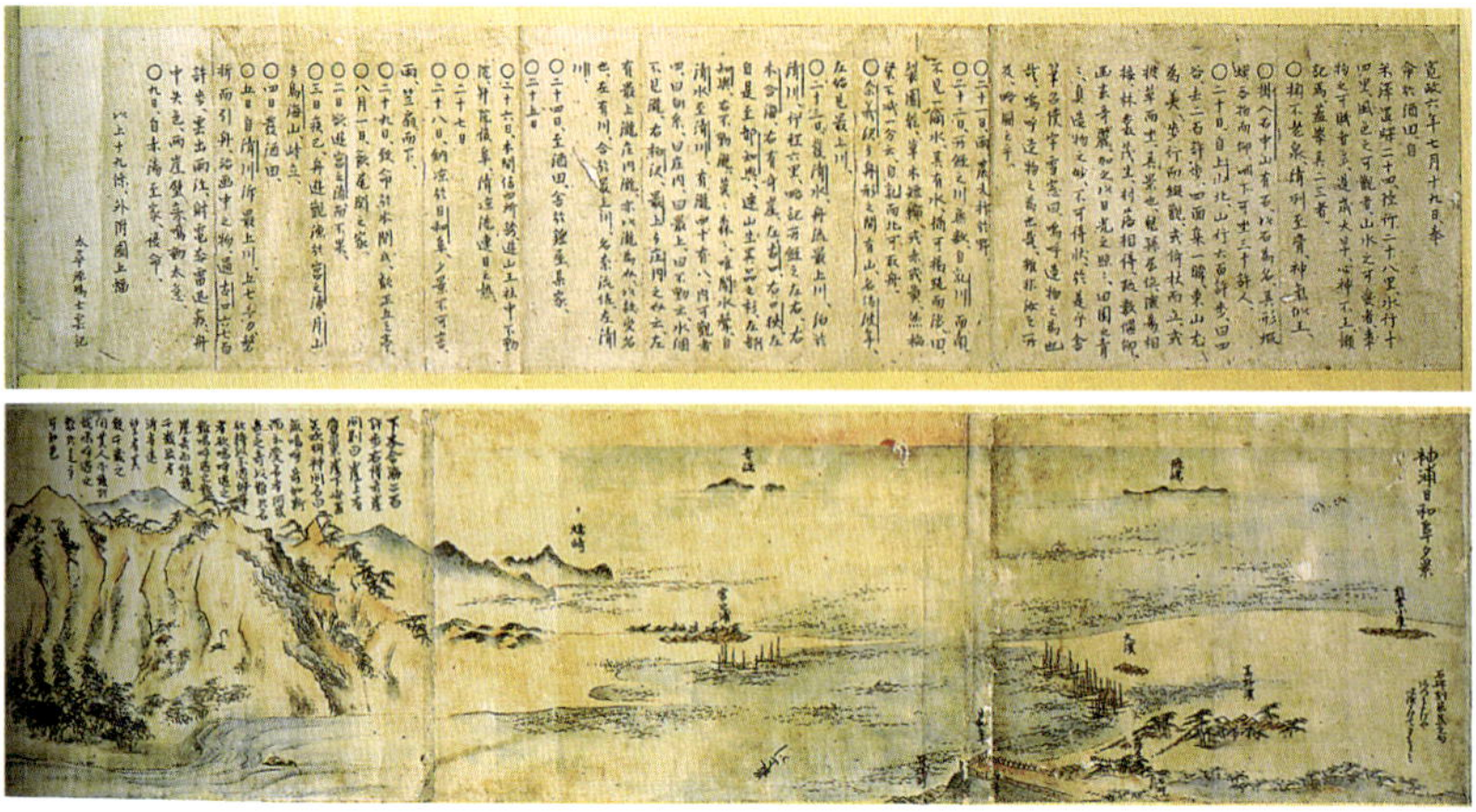

莅戸善政酒田往復記録　本間美術館蔵

中で莅戸善政が立案・発表した『総紕《そうひ》』四七ヵ条は、政治機構改革・領民救済・農村復興・殖産興業などにわたる改革の大綱ともいうべきものであった。

改革で必要になったのは、資金の融通を求めて行われた金主との交渉である。天明年間に志《し》賀《が》祐親《すけちか》らが政権にあった時以来、都市特権商人との調達関係が途絶していたからだ。

寛政三年以降、莅戸善政は、越後の渡辺三左衛門、江戸の三谷三九郎、酒田の本間四郎三郎らとたびたびにわたり交渉にあたっている。その際、右のような計画的な改革案ができていたこと、莅戸の誠実な人柄、交渉の場で見苦しいことながら割腹するとまで述べるほどの覚悟は、資金の回収と国産物の売り捌きに関する特権の維持に違約がないであろうことを彼らに確信させたと推測される。こうして莅戸宛の鷹山書簡に、「さてさて喜ばしき事に候。来示のごとく、酒田の本間、江戸の三谷、越後の三輪・渡辺、背けたる面々もみな立ち帰り、……御家国は泰山の安きに相違なく存ぜられ……」*とあるように、彼らとの融資関係が旧に復したのである。

「御国民」のため

こうして寛政改革の全体を構想した莅戸善政は、藩内が一様に経済的疲弊のうちにあり、藩全体が極度に衰えていると考えていた。例えば、「諸士は大いに衰え、その原因である半知借上は四十二年にも及ぶ」、人口減少を主因とする「農村の疲弊は心外の至りで驚くべきものである」という。そして莅戸は、「君家の御窮迫、四民の衰えは、いずれが深刻という優劣をつけがたいほど等し並みに衰えている」とするのである。*こうして、これらの問題の解決に向けた経済政策は必須のものであった。

もちろん、寛政改革の前提となった明和・安永改革においても、このような認識をもとに、「地利」「国産」を追求して、大規模な殖産政策が実施された。だが、結果的にそれは、公儀が自身の利益を追求したもので「士風」の一層の衰頽《すいたい》を招いたと見なされるに至っていた。莅戸は、この点をどのように解決しようとしたのだろうか。

莅戸善政の改革構想で特徴的なことは、農工商の民が武士と同じく「国」（藩）を構成する「御国民」であるということを強調する点である。それを最も端的に示

---

* 『鷹山公世紀』五〇八頁。

* 以上『樹人建議』（寛政四年五月）。

しているのが、「御報恩日」*を定めた際の百姓への告諭文（寛政十一年八月）に含まれる、「四民同じく御国民に候」という言葉であろう。莅戸は、身分によって経済的利害が対立しがちな藩の政策が「御国民」全体のためのものであると強調することによって、「四民」全体の合意を得ようとしたのである。そしてこれは、小屋村・小田切清左衛門の由緒書に「木地挽《きじびき》も椀師も御国の民に候えば、双方勝手に相成り候よう心を配り……」とあるように、*行政の現場での自身の働きを「御国民」理念に沿って記述する村役人層の登場も促した。

こうして莅戸は、改革が「御国民」全体のためのものであることを標榜しつつ、「百姓足《ひゃくせいたれば》、君孰与不足《きみだれとともにかたらざらん》」*、「農夫労而君子養焉《のうふろうしてくんしやしなわる》」*などの語句を根拠に、政策に優先順位があることを説いていく。君家と四民では「まず四民を補い候が先」であり、四民の中で「三民に先立ち申すべきは農民」、「農に次《つぐ》ものは士」というように、政策のプライオリティを明確化したのだ。*

これらのことは、実際的な政策立案の過程にも貫かれた。寛政四年（一七九二）七月の『樹畜建議』（莅戸著）では、「御国産盛んに行われ、君家及び四民の助けに成り候様……」と国産奨励が「君家」「四民」全体の利益になるとした上で、「桑……四民の利にして則ち御国益にて……」、「御国製アイコの布……民利御国益にも相成るべき」などのように、「四民の利」「民利」となることが政策立案の基準とされているのである。この建議を実務役人たちが評議した際の上申にも、「民利御国益」

* 月に五日余の休日のうち二日を賃仕事にあて、収益を村で貯蓄・管理する制度。
* 『村史なかつがわ』（中津川村史編纂委員会、一九六〇年）三一四頁。
* 「百姓足…」『論語』顔淵篇の語。
* 「農夫労…」『淮南子』説林訓篇の語。
* 荻慎一郎「米沢藩寛政改革における農村政策」。

といった語がたびたび登場する。莅戸の理念と方針は、改革政策の実施を担う役人たちにも徹底されていた。莅戸はこうして、改革政策が公儀の利益ばかりを追求するものではなく、「御国民」全体の利益を目指すものであることを強調して改革を進めたのである。

君徳を「顕然と施示」

しかし、このような「民利御国益」は、短期間で直ちに実現できるものではない。当面の社会秩序維持もはかりながら、「御国民」の生活自体が「民利御国益」を標榜した改革政策の進展に結びつくよう、人心に働きかける必要があった。この課題について莅戸は次のようにいう。「人心を統合して、一致結束させる術は他でもありません。恐れ多いことながら、上様の憐れみ深い仁徳を顕然と施示することと、重臣が仁恕《じんじょ》あつく忠良であることに止まるのです」（『樹人建議』）と。人心統合のためには、単に君主がすぐれた徳を有しているというだけではだめで、その君徳を積極的に演出・喧伝することが肝要だとしたのである。君の徳があれば国は治まると素朴に考えるのではなく、その演出・宣伝こそが重要だとするこの考え方は、鷹山の世子時代の竹俣の訓戒にも通ずるものであるが、莅戸はそれを一層端的に表明しているのだ。

実は、このような莅戸の考え方は、現代の指導者が示そうとするパブリック・イメージにも通ずるものとして、海外の研究者にも注目されている。マーク・ラヴィナによれば、ホワイトハウスにしつらえられた有機菜園は、大統領の家族の日常的活動を普通の市民が模倣するようしむけることを目的としているという。これが、普通の人びとの上に立ち一歩先を行きながらも、普通の人びとが模倣することも不可能ではないという統治者のイメージを形づくるのである。*莅戸における君徳の顕然たる施示という考え方は、改革の過程で、いったいどのように具体化されていったのだろうか。

「御国民」道徳の頂点—「国益」と「風俗」

寛政四年五月、諸士の疲弊《ひへい》を救済すべく著した『補士建議』において、莅戸は次のように述べている。諸士の衰えを治癒するには倹素の「古風俗」に立ち帰らせることに尽きる、国産奨励（殖産）には「御国産」の品の使用を普及させなければならない。ところが、これまでにも古風俗に立ち帰るべしという教令法度が出されているにもかかわらず、実際には守られていないというのが実情である。莅戸はこう述べて、その理由を次のように指摘する。「上様の誠意が不十分で、御身の回りのこと一つとっても行き届かないことがあるからではないでしょうか。だから、「古風俗」の浸透には、まず君上から「古風俗」をお守りいただきたく存じます。……また、生活に他国の産品が必要だという意見が出るのも、国産を用いよというばかりで君家で実践されていないからではないでしょうか」と。莅戸は、「古風俗」・「国産」使用を浸透させるためには、「君上」・「君家」による率先的行動が欠かせないとし、藩主に実際の行動を求めたのだ。かくて寛政四年十一月には次のような触が出された。「今度、御上《藩主》が御身の廻りで用いら

* マーク・ラヴィナ「近代化、近代性と名君像の再検討」（『歴史評論』七一七、二〇一〇年）。

れる物を始め、全ての公儀御用の物品は、善くも悪しくも御国産の品を用いるとのご意向である。これは四民の衰えを痛まれたありがたい思し召しであるから、貴賤となく生業に力を尽くして国産が盛んになるよう心懸けよ」と。寛政九年三月二日には、「今度、御国民のため蚕桑を取り立てるようにとのご意向で、御本丸・御奥においても養蚕をお試みである。これにより家中一統あげて養蚕に取り組むように」と触れられた。* 以上のように、寛政改革の「民利御国益」政策は、藩主・上杉家が「御国民」の「風俗」の模範となる取り組みを率先して行っていることを意識的にアピールすることで進められたのである。

一方で、鷹山自身が強く意識していた藩士たちの家督相続をめぐる「風俗」についても、これと同様の方法で改革が図られた。鷹山と莅戸はこの問題について、天明末年以来、嫡子・庶子の秩序の混乱を「名分」の乱れと認識し、「国家の興廃に関わる」問題と見なしていた。家臣団の家督相続をめぐる問題（嫡庶・持参金等）に関しては、安永末年以降、たびたび制禁の触が出され、その統制が図られたが、制禁の触のみによる問題の解決は困難だった。そこで、上杉家における儀礼的側面を整備す

奥御殿養蚕図　上杉博物館蔵

* 『御代々御式目』。

ることにより、嫡庶の重要性を周知しようとしたのが、寛政九～十年における上杉家の「嫡庶分式」制定である。上杉家の嫡庶本末*に応じた儀式等での席次や文通の際の敬称などを規定したもので、上杉家内部の秩序を可視化し定立しようとしたものである。莅戸はその意図を、君上の尊貴性を高めること、下々の者まで嫡庶の分を知らしめることにあるとしている。君主の率先性に基づく「風俗」改革の取り組みは、こうした儀礼的側面にまで及んでいたのである。

農村の立て直し　寛政三年五月、莅戸善政らは、同年二月に罷免された阿部五郎・増子伝左衛門に続いて、全世襲代官廃止を中心とする「農官仕法替」を行って、郡奉行以下の農村支配機構を一新し、翌年八月には廃止されていた郷村出役を五人制（のち増員）として復活させた。この時以降の新たな代官や郷村出役には、『北条郷農家寒造之弁』*を著した北村孫四郎など、誠実で実力ある者が配されることになった。農村支配機構の改革は、村役人にも及び、寛政三年八月には肝煎*を代官任命制として全員に苗字を許した。寛政六年三月には、組頭《くみがしら》・長百《おさびやく》姓《しょう》も同様とされた。

　さらに寛政三年以降、年貢の取立法を改正して農民負担の緩和を図り、寛政六年には勧農金貸付制度を設け、同年六月の城下馬市開市や馬代・農

孝子顕彰の札　『川西町史』上巻

＊嫡流・本宗＝重定―治憲―治広。庶子＝重定二男相模勝熙・重定五男近江定興。末家＝上杉駿河守勝定。

＊『北条郷農家寒造之弁』　概ね現南陽市域にあたる北条郷の実態を踏まえて文化元年に著された農書。

＊肝煎　名主・庄屋にあたる村役人。長百姓は百姓代にあたる。

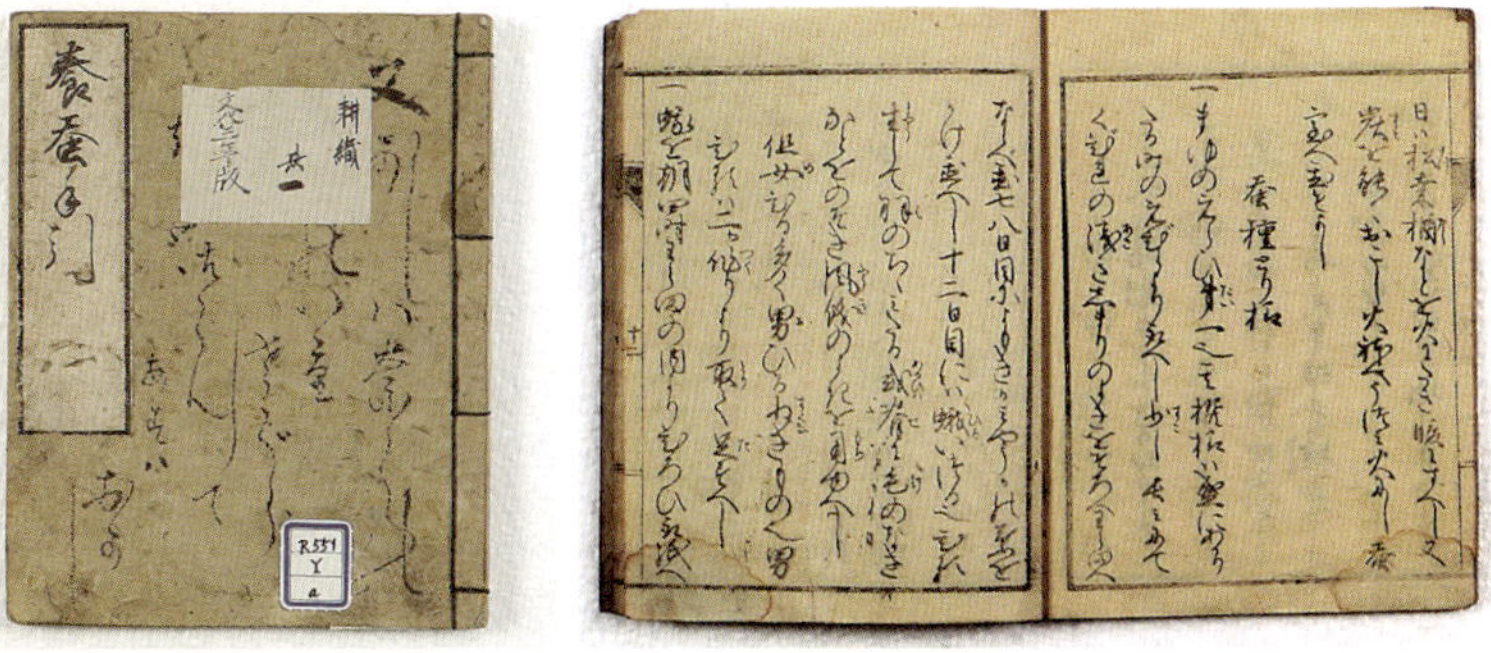

『養蚕手引』　上杉博物館蔵

馬の貸付、天明四年からの備え籾貯蓄二十ヵ年計画の継続など、貧窮農民救済と農業振興に向けた農村政策が打ち出された。また、黒井堰*（寛政六年築造）・飯豊山穴堰（寛政十一年着手）によって北条郷・中郡地域の灌漑を進め、郷村出役の監督下に村役人が日常的な普請業務を行う体制を強化するなど、積極的な治水事業も実施された。

百姓の疲弊の根本にあると見なされた農村人口の減少に対しても、次々と政策が打ち出されている。「私がかねてから申し上げてきました「七恵」のご執行こそ、人を増やす方策でございます」（『樹人建議』）という莅戸の考えの下、幼児や身寄りのない者などの扶養に関する施策「七恵」を重要な人口増加策とし、寛政四年九月には九十歳以上の者および十五歳以下の第五子に対する一人扶持の給付、出産した極貧者に金一両を給付することが触れられた。寛政九年八月には、孝子・順孫・貞節婦として表彰された者の名札をその門もしくは

* 第Ⅲ章「黒井半四郎灌田紀功の碑」参照。

店先に掲げることを令した。越後などからの新百姓取立を積極的に進め、寛政七年二月には、越後・最上・福島以外からの入植者を許して新百姓に取り立てることを可能とした。さらに、武士二三男の土着奨励も行われている。

殖産に関しても、寛政四年に国産所が再興され、金銭御用掛役・国産取締役が置かれて、蚕桑役局が設けられた。桑畑開発料の貸付、桑苗木の配給（楮・柿苗木を含む）などが進められ、文化三年（一八〇六）には『養蚕手引』も版行・配布された。こうして、桑苗木・飼蚕術指南の成田村鈴木善九郎、桑苗木棟梁の山口村植木四郎兵衛ら、民間の人びとにも依拠して行われた寛政改革の殖産政策は、文化・文政期に隆盛した養蚕業の起点と見なされるようになるのである。

学問と道徳のシンボル

上杉鷹山は、生涯にわたり、相当数の著述や書簡等をのこした。鷹山自身の言葉を直接伝える史料は、特に天明年間以降に多くなるように見受けられる。政策過程での伺い書に対する返答、上杉家の人びとや近臣に対する書簡、教訓書などがその主なものだ。それらに一貫して見られることの一つは、好学、それも時として先例や字句の子細にわたる考証まで行うような鷹山の性格である。上杉家文書に残る『歴史綱鑑』についての自筆覚書、『秘聞集』や古賀先生（精里）を通して得た明律《みんりつ》についての書付をもとに、火付けをした少年に対する刑罰について意見した書簡などは、その一例といえよう。

天明年間以降の鷹山は、「受け継いだ家を大事に取り治める」こと、そのために「よ

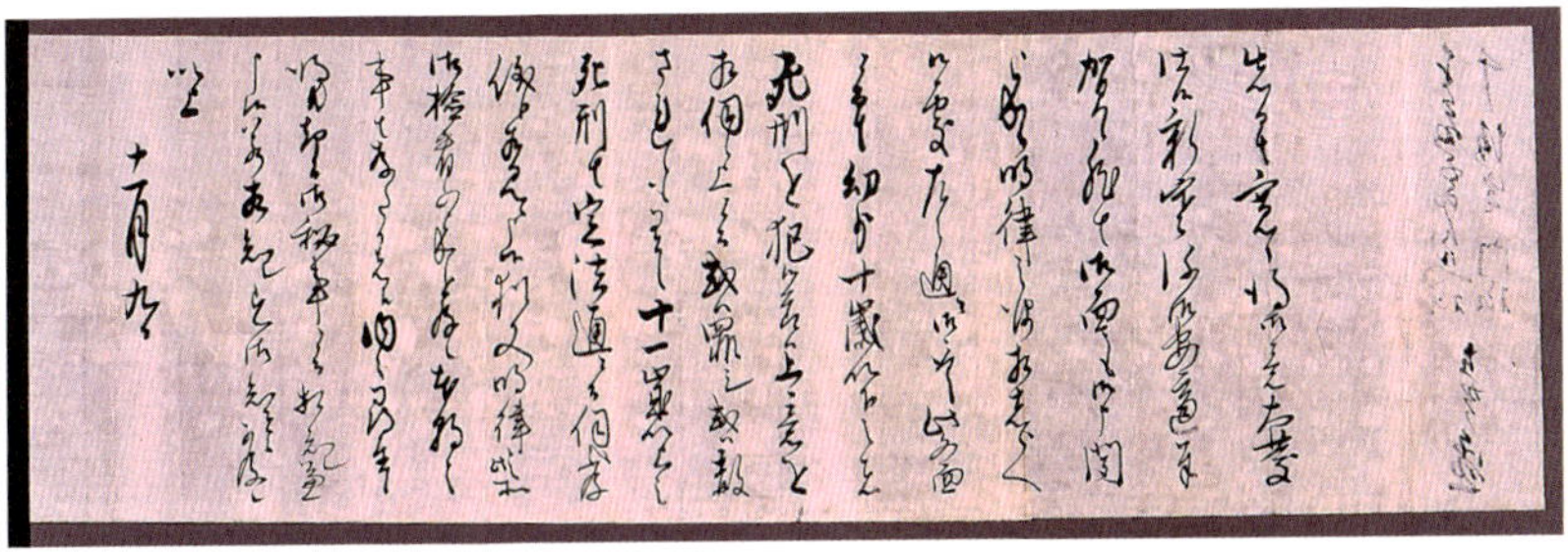

鷹山自筆覚書　上杉博物館蔵

く学問をして邪念を払い浄め」、「我私の為に取り乱さぬ様に心を用いる」ことをたびたび強調している。小藩から名門の養子となった鷹山にとって、上杉の御家を瑕疵なく引き継ぐことは最大の願いだった。特に隠居後の鷹山は、そのような意識から学問に取り組んでいた。上杉家の子女それぞれに向けた多くの教訓書を著したのは、上杉家の繁栄を願い、学問の意義を後の世代に伝えようという鷹山の意識の表れといえるかもしれない。

　もちろん、このような鷹山の姿勢は、寛政改革の中でも大きな意味を持っていた。寛政三年十二月に死刑制から徒刑制への博奕《ばくち》改革刑が成立するが、陰陽の気や国法に触れながら、博奕などの犯罪に対する刑罰のあり方について細井平洲に問い合わせた書簡が残されていることは、それをよく示している。さきに見た「嫡庶分式」制定も、こうした鷹山の姿勢に起因するものである。また、寛政八年以降、「友于堂《ゆううどう》」の新設、教授法の改善や学業試験の実施などにより、藩校興譲館の充実が図られたことも、鷹山の姿勢がこれを後押ししたとみることができる。寛政五年十一月に設けられた医学館好生堂《こうせいどう》での本草学研究などに基づいて、救荒書である『かてもの』一五〇〇部を版行して領内に配布したことは、鷹山の指示に発するといわれる。

こうして鷹山はその生涯を通じて、政治指導者として一定の役割を果たすとともに、学問とそれに基づく道徳教化のシンボルという役割を担ったのだといえよう。文政五年三月十二日、その二月から病床にあった鷹山は、七十二歳でその生涯を閉じた。鷹山はしかし、その死後も現在に至るまで、繰り返し注目され、存在感を示し続けることになるのである。

コラム

日本史教科書のなかの藩政改革

現在の学校教育（教科書）において、上杉鷹山や藩政改革はどのように取り上げられているだろうか。小中高の社会・日本史教科書における標準的な藩政改革の記述を確認してみよう。まず小学校では、幕末維新期に大きな役割を果たした西南雄藩の改革がクローズアップされているのに対して、鷹山や米沢藩の改革については全く取り上げられていない。中学校になると、「財政を立て直すため、独自の改革」

を行った「雄藩の成長」（肥前藩・長州藩・薩摩藩）が引き続き取り上げられる一方で、「財政難に苦しむ諸藩」として「18世紀後半には、諸藩でも藩政改革が行われました。米沢藩（山形県）や熊本藩は、……特産物の生産を奨励し、専売制をとって財政の立て直しに成功しました」（『新しい社会歴史』東京書籍、二〇一二年）のように言及されるようになる。高校日本史の教科書になって、熊本藩の細川重賢、秋田藩の佐竹義和とともに、藩政改革を遂行した「名君」として上杉治憲の名が登場する。

このように見てくると、現在の日本史教科書では、藩政改革の事例選択に「名君」と呼ばれた藩主の有無が意味を持っていそうなこと、一方でそれらが長州・薩摩をはじめとする「雄藩」の評価と著しい対照をなしていることが分かる。これはなぜなのだろうか。藩政改革をめぐる研究史に目を向けてみよう。

これまでにも触れてきたように、上杉鷹山の治績は明治期以降も高く評価され、国民の間でもその名は広く知れ渡っていた。というのも、明治二十年代半ば、検定教科書時代から修身教科書の素材として取り上げられるようになり、その後の国定修身教科書では、登場回数において明治天皇・二宮金次郎に次ぐ第三位を占めるに至ったからだ。戦後、民主的な社会の建設に向けてこれらの教科書の内容が否定されてきたことは周知の通りである。その中で、「倹約」や「敬師」などの徳目の体現者という上杉鷹山像は、戦前期社会の封建性を象徴するものとして、否定・克服の対象となっていった。

戦後の歴史学も、このような課題意識を伴いつつ、単なる君主個人の顕彰や狭い意味での政治史的理解を脱却して、当時の経済・社会構造に即して藩政改革を理解しようとした。こうして、米沢藩・熊本藩・秋田藩などの藩政改革は、各藩主（上杉治憲・細川重賢・佐竹義和）が「名君」と見なされたこととも関わって次のように理解されることになった。すなわちこれらは、経済的後進性（農業生産力の低さ）に規定されて、領民はおろか藩士にすら改革意識が共有されないなか、商業高利貸資本と癒着して行われた、上からの一方的な強制＝「享保・寛政改革的な封建反動」だったというのである。その結果、これら「名君」を戴く諸藩は、維新史上に推進的な役割を果たさなかったというのだ。現在の教科書の内容の起点はここにあるといえよう。

かくてその後の近世史研究でも、「明君」は本格的な関心の対象とはされず、言及される場合でも、上からの強制的改革・支配者階級分裂の象徴などというように、それに否定的な観点からであることがほとんどであった。「明君」という言葉には君主個人を顕彰する意味合いが伴い、それが喧伝されればされるほど、実像との隔たりが大きくなりかねないのだから、こうした観点は現代でも重要である。否、その必要性はますます増しているといえるかもしれない。けれどもその一方で、多くの人びとによって鷹山らが「明君」と見なされ、さまざまな形でその明君像が描き出されてきたこと自体にも、何らかの歴史的な意味があるはずだ。これまで多くの人によって取り上げられてきた鷹山だからこそ、いわば鷹山明君像の浸透過程や機能についての研究が一層重要な意味を持つといえるのである。

人物相関

上杉重定《しげさだ》

第六代米沢藩主上杉吉憲の五男として享保五年七月六日に生まれる。延享三年、兄宗房の跡をついで第八代米沢藩主となると、以前から小姓として寵愛していた森平右衛門を重用し、宝暦年間の後半には、行き詰まった藩政の運営を一任した。家臣団の反発を受けた森を謀殺し（宝暦十三年）、改革の着手を求めた竹俣当綱によれば、重定は祈祷や乱舞に明け暮れ、細井平洲の招聘も容易ではなかったという。鷹山は、明和四年に隠居した重定を養父として厚く敬い、「孝」を尽くそうと心がけたが、その様は莅戸善政《のぞきよしまさ》『翹楚篇《ぎょうそへん》』に詳しい。

重定は、部屋住み時代から能楽に熱中していたといわれ、修練を積んで能の奥義を極め、金剛流の秘伝書をはじめとする能楽の書物によって能楽への深い造詣を養っていた。能は、江戸時代の藩主にとって身につけておかなければならない教養の一つであったが、数多くの能面・能衣装を能蔵に収め、プロの能楽師とともに舞台で舞うほどの重定の嗜好《しこう》は、鷹山の藩政改革にとって意外なほど大きな影響を及ぼしたのである。

菁莪《せいが》社中

菁莪社は、藩医藁科松柏貞祐《わらしなしょうはくさだすけ》の書斎菁莪館に集った儒学学習グループで、竹俣当綱《たけのまたまさつな》・莅戸善政をはじめとするメンバーは政治意識を高めて森平右衛門謀殺の中心勢力となり、藩政改革においても大きな役割を果たした。

子鱗先生とも呼ばれた藁科松柏（一七三七〜六九）は、宝暦九年に藩主重定の側医となり、鷹山の素読師範に任じられた。父に従い江戸で若年期を過ごし、搢紳先生の間を周旋し、専ら古学（徂徠学）を以て身を立てたという松柏は、菁莪館で経史を講じるとともに、細井平洲の招聘を献言するなど、宝暦・明和年間の藩政に重要な役割を果たした。学問では、博文強記一時の英物と言われ、宝暦初年頃、竹俣当綱に荻生徂徠著『論語徴』・『大学解』を講じた高雲先生こと高津兵三郎〈与板組〉の影響力も見落とせない。その一方で、いずれも勘定頭をつとめ、江戸勤番を経験した小川与捴太尚興〈五十騎組〉（勘定頭在任は宝暦元～十年）、倉崎清吾一信〈与板組〉（同宝暦九～十四年）、佐藤左七秀尹〈与板組〉（同明和元～寛政四年）らの存在は、藩財政の行き詰まりが顕在化する中で菁莪社中が政治意識を高める要因となったと考えられる。森平右衛門謀殺にあたって、竹俣・莅戸・藁科と血判誓詞を取り交わした木村丈八高広〈五十騎組〉（一七三二～八三）は、明和三年に鷹山の小姓となって御手許《おてもと》の大倹約に力を注ぎ、安永五年からは世子《せいし》治広《はるひろ》の傅役《もりやく》に任じられ厳しく指導したと言われる。

竹俣当綱《たけのまたまさつな》

竹俣美作《みまさか》当綱（一七二九～一七九三）は、米沢藩の重臣の家に生まれ、家老として同藩の明和・安永改革を主導した人物である。学問を好んだと言われる竹俣は、藩医藁科松柏や同藩士莅戸善政らと学問を通じて同志的関係を築き（「菁莪社中」）、宝暦年間に藩主側近として藩政を取り仕切った森平右衛門を謀殺、明和二年（一七六五）に奉行（家老）に任じられると、藩主重定に改革実行を強く迫った。同四年の上杉治憲（鷹山）襲封を機に行われた明和・安永改革は、竹俣と「菁莪社中」を中核的な政治勢力として進められたのである。同改革で竹俣は、異例の大倹政策、安永年間の備米蔵の設置や地方支配機構の再編、漆《うるし》・桑・楮《こうぞ》各百万本植立政策を中心とする大規模な「国産」奨励策（殖産政策）、儒者細井平洲の招聘や藩校興譲館の設置等、多方面にわたる改革政策の立案・実施の中核的存在として活躍した。竹俣は、天明二年（一七八二）には失脚することになるが、その後も藩政への関心は衰えず、自らの改革構想を多くの著述としてのこした（市立米沢図書館竹俣家文書）。このように竹俣は、中期藩政改革を代表するとも言える米沢藩の明和・安永改革にあって、学問と改革主体、改革政治・政策をつなぐ中心的な位置にあった人物であった。

莅戸善政《のぞきよしまさ》

莅戸九郎兵衛善政（号太華《たいか》、一七三五～一八〇三）は中級の藩士で、寛延四年（一七五一）に家督を相続、中之間詰に入り、禄高は一八〇石。明和四年八月、藩主治憲の小姓《こしょう》を命ぜられ、同六年正月には町奉行となる。安永元年（一七七二）に小姓頭となり、三〇〇石加増。この間、竹俣当綱らとともに明和・安永改革を推進している。天明二年（一七八二）の竹俣当綱失脚をうけて同三年隠居。『翹楚篇《ぎょうそへん》』は小姓時代の経験を踏まえ、隠居中に構想されたものと言えようか。その後、寛政三年に再登用され、五〇〇石にて中老に任じられる。寛政改革の中心として活躍し、寛政六年には一〇〇〇石に加増されて奉行職を命じられ、以後没するまで改革を進めた。

莅戸善政は、藩政改革に極めて大きな役割を果たしたが、その第一は、鷹山初期の人格形成への影響である。政治に対する「御心はまり」が見られないことを「悲歎にたへす《（堪えず）》」と鷹山を問い詰めた「上治憲公書案」（安永三年、上杉家文書）に見られるように、七家騒動の再発を危惧し、家臣団や領民への報い、藩財政への配慮が必要との観点から、鷹山に対して、藩主としての自覚と主体的取り組みを直言したのである。第二に、改革の停滞期とも言われる天明年間に、上杉鷹山の言行を描いた明君録である『翹楚篇』を執筆したことである。『翹楚篇』は、次期藩主らの教育という莅戸の想定を超えて、「上杉侯の賢」を示す書物として広く享受され、鷹山以来の「米藩之政績」を全国的な政治論の基準に押し上げていくことになったのである。第三に、幕末期まで続く米沢藩政に対する高評価の裏づけとなった寛政改革を主導したことである。鷹山の藩主後見の下、莅戸を中心に立案・実行された施策こそは、幕末期の米沢藩が「国富民豊」などと見なされる根拠となったのである。

細井平洲《ほそいへいしゅう》

一七二八～一八〇一。姓は紀氏。諱《いみな》は徳民。字《あざな》は世馨。

通称は甚三郎。如来山人とも号した。尾張国知多郡平島村（愛知県東海市）で細井甚十郎正長の次男に生まれ、十六歳で京都に遊学、ついで名古屋で中西淡淵《たんえん》に学び、十八歳の時、長崎に遊学した。宝暦元年（一七五一）江戸に出て芝神明《しんめい》町に嚶鳴館《おうめいかん》を開塾した。「詩集で高才を知れ……文集が出まして以来、人が信仰いたしまして如来先生と尊びます、詩文家では当時の名家……」（『三都学士評林』明和五年刊）などと、平洲の詩文は当時の江戸などで高く評価された。また、「（儒学諸説の）どれか一つに従うわけではなく長所を採るようにしていますが、徂徠の方が古人の教えにかなっているので主に採用しています」と平洲自身が述べているように、「折衷学」的学問方法をとりながらも、当初は徂徠の学説に依拠した講説を行っていた。これらのことが、徂徠学に関心を高めていた藁科松柏や竹俣当綱の目にとまった要因の一つだったと見ることができる。

こうして平洲は、学問の師として招かれ、終生鷹山の尊敬を受けることになる。平洲は大名に対する教授について、「治国安民の種は孝悌忠信仁義です。これを女子小人にいたるまで身近な事例（「耳チカク」）によって教授する覚悟です。大名様方にも同様に教授しています」（『滕太問答《とうた》』）と述べている。平洲が少時の鷹山を感化しえたのは、ややもすれば難しいものになりかねない儒学の諸徳目の講義を、「耳チカ」な話題に引きつけて平易に説くことができる力量によっていたのかもしれない。かくて平洲は、鷹山と同じ時代の多くの大名に師として招かれ、また、数千から数万人の聴衆を集めた尾張での廻村講話が示すように、大名から庶民にまで広く受け入れられていったのである。

金子伝五郎

米沢藩領中小松《なかこまつ》村の百姓に、金子伝五郎・大介という富裕な兄弟がいた。兄弟ともに深く学問を好み、人となりも正直で、中小松村はもちろん、近郷までも彼らを慕い、老先生と称して大変な尊敬を集めていた。

学問のみを常々の楽しみとして、一族の者と毎日会読を行い、また、城下の今成吉四郎と三年間にわたって小菅《こすげ》観音で落ち合って『春秋左氏伝《しゅんじゅうさしでん》』の会読を継続し、読了した。学を好むというのはこういうことをいうのである。

右は、細井平洲が著した『平洲談話』で紹介された金子伝五郎の人となりである。現在の金子伝五郎家には、城下新町の忠蔵（「中輔」と号した）らが伝五郎の死を悼んで家人に贈った追悼の漢詩数点が残され、そこには「奉哭　金君子竜老先生」といった題がつけられている。伝五郎は宝暦年間から、下小松村の富裕な百姓田村五兵衛（田慎言卿）らと詩を詠《よ》んだり志を述べ合う「社中」を形成し、城下町人の渡部伊兵衛や寺嶋吉郎左衛門とも学問的な結びつきを持ちながら、日常的な文化活動を営んでいた。伝五郎が細井平洲と出会い、その人物・学問に共鳴して民衆教化に力を尽くすとともに、鷹山はじめ竹俣当綱や莅戸善政に知られて信頼されたのは、こうした日常的な活動が背景となっていたのである。

三谷三九郎

三谷家は、明暦年間（一六五五〜五八）から続いた江戸本両替商である。江戸時代の中期以降、米沢藩をはじめとする諸藩に大名貸しを行なって経営を発展させた。米沢藩では享保十五年（一七三〇）、十五人扶持を給されて米沢藩の蔵蝋《くらろう》の販売を請け負い、以後関係を深めた。

馬場次郎兵衛『聿修篇《いっしゅうへん》』によれば、伊勢に出自する三谷家は、毎年一門で集まって家訓を読み、「知有って奢侈《しゃし》に流れず、家を治む道を知って末代子孫の不亡の道を計る」、そのような家風であったという。安永年間の当主三九郎は（安永五年死去）、「大疱瘡《ほうそう》面にて不男」だったが、「小学問いたし」、書や小鼓を嗜む文化人・「珍しき人物」だったとされる。

宝暦年間、森平右衛門が蔵蝋を野挽甚兵衛《のびきじんべえ》らに差し向けたため、藩主重定が直々に頼んでも資金融通を断るほどであったが、竹俣当綱らの努力によって上杉家との「齟齬《そご》」が解消された後は、再び米沢藩を支援し、安永六年（一七七七）には米沢藩の御用商人中の最高の融通額（約三万両）となった。竹俣当綱は、安永年間半ばまでに改革が進んだ要因について、「左に細井（平洲）先生あり、右に三谷ある故なり」と述べたという。その後、三谷家は、天明六年（一七八六）知行七〇〇石を給され、寛政改革でも、米沢国産所から送られた織物類は江戸国産掛を通して三谷三九郎手代志摩屋三次郎一手販売となるなど、江戸で蝋・織物の独占的販売にあたり、米沢藩・上杉家と関係を継続した。

人物相関図

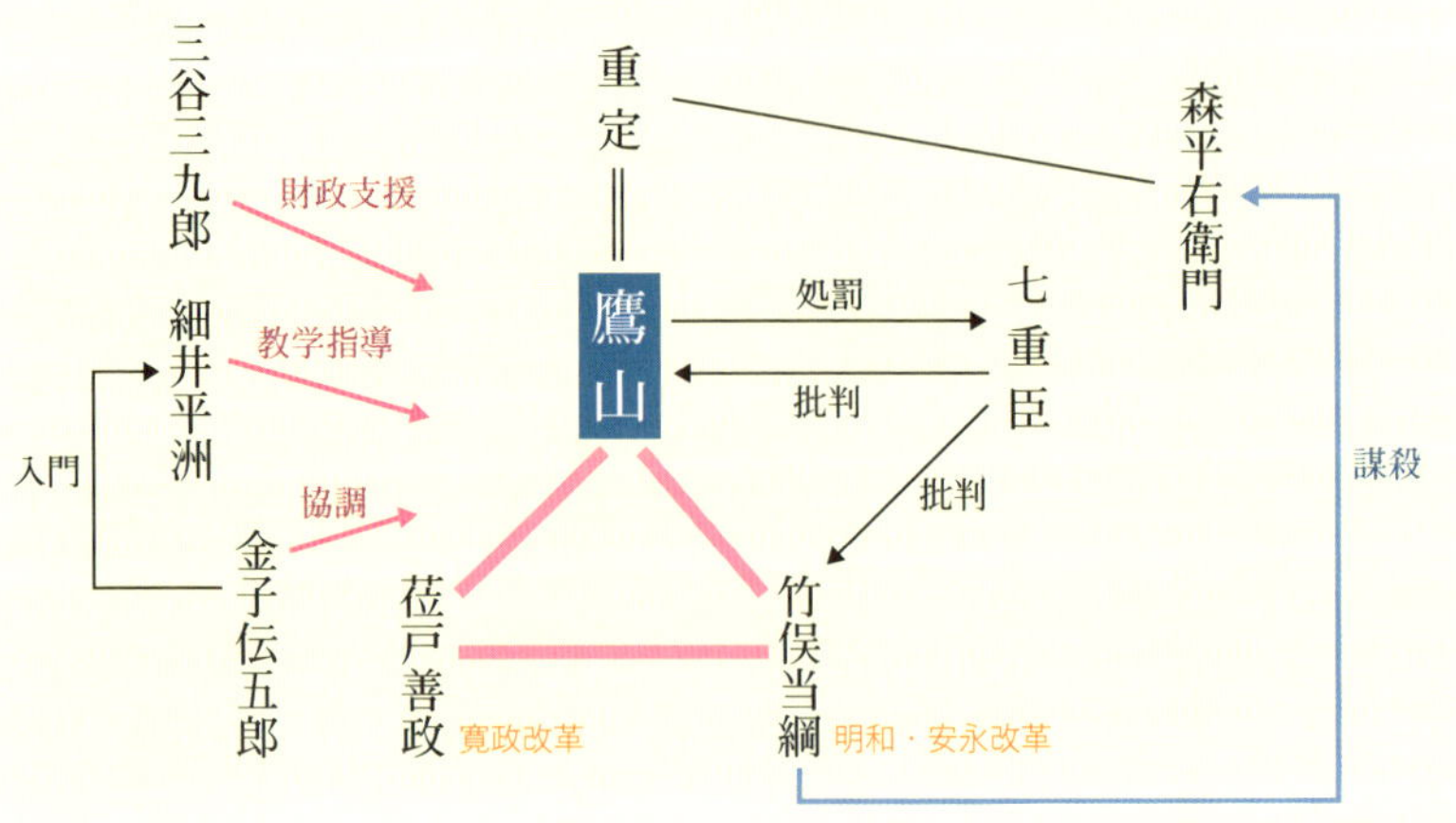

Ⅱ 藩政改革の思想

上杉鷹山坐像　鈴木実作　上杉博物館蔵

一　学問・知識と藩政改革

鷹山論の焦点

今日的な企業家精神と民主的で柔軟な思想とを持ち合わせ、断固たるリーダーシップを発揮した歴史人物。——一九九〇年代以降、数多く編まれた書物やテレビ番組が描き出してきた上杉鷹山像は、要約するとこのようにまとめることができそうである。多くの書籍刊行などに見られる鷹山に対する関心の高まりの背景には、バブル経済の崩壊、冷戦の終結やグローバリゼーションの展開に伴う時代の変化がある。日本の政治・社会の進みゆきが不透明さを増す中で指導者や経営者のあり方が問い直され、これまで顧みられてこなかった「明君《めいくん》」（名君）の危機管理能力や決断力、リーダーシップに学ぼうという機運が高まったのである。鷹山や会津藩主保科正之《ほしなまさゆき》など、戦後ほとんど顧みられることのなかった政治指導者に着目したそれらの書物は、右のような、それなりに新鮮な「名君」や「改革」のイメージを提起したと言うこともでき、そのことの意義は小さくない。

もちろん、上杉鷹山という人物に対して向けられる関心はさまざまである。何らかの指導的地位にある人はそのリーダーシップに関心を寄せているし、官庁・企業などで実務を担う多くの人が組織のガバナンスについて考える契機になったり、

「為《な》せば成る」の言葉を日々の生活の励みにする人もいる。埋れた歴史人物への興味、地域の活性化といった問題意識などから鷹山に惹《ひ》かれる人もいよう。

だが、鷹山へのまなざしがどのような観点に基づくものであっても、見落とせないことは、鷹山もまた歴史的存在であるということだ。彼は決して企業家ではなく、民主主義の思想を持っていたわけでもない、江戸時代の一大名だったのであるから。このような歴史人物としての鷹山を理解するために重要なことは、鷹山がいかなる意識・考え方に立って行動したのか、という点だ。現在とは異なる時代――人びとの常識や教養も異なる――に生きた歴史人物であるからこそ、いわば鷹山の意識・思想にまで踏み込んでその行動――藩政改革の遂行――を解明しなければ、上杉鷹山という人物を真に理解したことにはならないのではないだろうか。そこで本章では、米沢藩の政治改革の基礎となった考え方――改革の思想的背景がいかなるものだったのかということを焦点に、鷹山登場の思想的背景を考えてみよう。

藩政改革の思想的背景

いったい、鷹山はどのような思想・政治論に依拠して藩政改革を断行したのだろうか。幕末期から明治期にかけての学者たちの多くは、これを「聖人の政」に求めた。すなわち、四書五経《ししょごきょう》をはじめとする儒教の古典に記された、古代中国の「聖人の政」を指針として、その理想的治世（夏《か》・殷《いん》・周《しゅう》の「三代」）を現前させたと見たのである。例えば、横井小楠《よこいしょうなん》は、「当今列藩の中、聖人の道を厚く信じ、忠孝・礼節を以て、国本を立てられたるは、米沢の鷹山公なり」、「三

『鷹山公偉蹟録』原本

周公肖像　『画林良材』巻一*

代の治道は、独りこの公のみ…和漢独歩と存じ奉り候」と述べ、古代以降、中国にも日本にも類を見ない君主であるとして聖人扱いしている。また、現在でも研究者によって基礎史料として用いられる甘糟継成（米沢藩士）著『鷹山公偉蹟録』（文久二年成立、昭和九年刊）も、鷹山を「三代」に比類する「聖君」と見なし、明治期に入ってからも、川村惇『米沢鷹山公』（朝野新聞社、一八九三年）は「周公孔孟《しゅうこうこうもう》の政《まつりごと》、概ね米沢に行われざるなし」と記して、鷹山の治世を「聖人の政」と呼んでいる。

近年の書籍ではあまり強調されないこうした理解の背景には、幕末維新期における儒学・漢学への関心の高まりがある。とりわけ大きな影響力を持っていたと考えられるのは、徳川幕府の官学とされ全国から入門者が集まった昌平坂《しょうへいざか》学問所の儒学者たちが鷹山を高く評価していたことである。赤崎海門・古賀精里《せいり》・古賀侗庵《とうあん》・安井《やすい》息軒《そっけん》ら教官を務めた人物をはじめ、向《むこう》藤左衛門（佐倉藩士）・正司《しょうじ》考祺《こうき》（肥前有田の有力商人）・金子与三郎（上山藩士）・上田貞二郎（紀州藩士）・重野《しげの》安繹《やすつぐ》（薩摩藩士）ら、多くの人物が残した史料が鷹山への関心と評価を示しているのだ。もちろん、この時期には儒学に限らず、多様な思想潮流が登場してきており、さまざまな解釈も見

* 竹俣当綱は、『画材良材』などの絵入り本によって聖人をイメージしていた。

られる。例えば、久留米藩士で後に宮谷県知事《みやざく》（現千葉県）となった柴山典《しばやまてん》は、伊勢参宮がかなわない民衆のために米沢藩が城下に伊勢内外宮《ないげくう》を設けて御師《おし》を招いたとして、鷹山以来の米沢藩政に対して特徴的な解釈をしているし、*鷹山の治世を「天

荻生徂徠肖像　致道博物館蔵

古賀精里肖像　佐賀県立博物館蔵

朝を規格とし、儒教を羽翼とし」と理解した米沢藩領内の一商人もいた。*内村鑑三《うちむらかんぞう》が、鷹山における「天」への敬意をキリスト教の神への信仰に重ね合わせたことは有名である。しかし、全体として見れば、明治三十年頃までは、改革の思想的背景を「聖人の政」に求める見方が最も強く、それは一面で的確な認識でもあったといえるかもしれない。

　その一方で、明治時代は日本における近代歴史学の確立期でもあり、そこでは儒教的歴史観とは一線を画した理解が行われた。その一人が、維新期日本史学の諸潮流の葛藤の中で近代実証主義歴史学の成立を担った重野安繹である。重野は、明治十三年（一八八〇）に刊行された『羽陽叢書《うようそうしょ》』に「鷹山公絶代名賢……」の語を

* 『見聞漫録 米沢』千葉県文書館柴山家文書。
* 長沼政成「こころかけ」。第Ⅲ章「文教の杜ながい・丸大扇屋」参照。

「こころかけ」（「こころい」）　文教の杜ながい蔵

寄せ、『尋常小学修身《じんじょうしょうがくしゅうしん》』（八尾編輯所刊、明治二十五年）第三学年「節倹」で鷹山を登場させて検定・国定修身教科書への鷹山逸話収録の起点を形づくった人物でもある。その重野らが編纂した、明治初期の考証史学を代表する官撰日本通史『稿本国史眼』（一八九〇年十二月帝国大学刊）は、「上杉治憲の治績」として、「米沢藩主上杉治憲、恭倹ニシテ学ヲ好ミ、名儒細井徳民（平洲）ヲ聘《へい》シテ之《これ》ニ師事シ……」としつつ、「上杉治憲の治績」＝米沢藩の救荒策《きゅうこうさく》を高く評価している。短い記述ではあるが、これは「聖人の政」――儒教一般よりも、細井平洲《ほそいへいしゅう》という具体的学者の影響をより重視する見方を示したものといえよう。かくて、米沢藩政改革の思想的背景については、江戸時代の儒学諸学派の展開に目を向けながら、細井平洲の影響力を一層クローズアップしていくことになる。例えば、高瀬代次郎『細井平洲』（一九一九年）は、政治経済と道徳修養を兼ねた細井平洲の学問が鷹山・米沢藩の改革を実現せしめたと述べる。儒学理論・文章と政治経済に通じて希代の英傑といわれた荻生徂徠《おぎゅうそらい》の学問が孕《はら》んだ欠陥＝道徳と教育の疎外を、個人の徳性涵養《かんよう》を重んじた平洲が批判・克服したというわけだ。こうして「深くその淵源を究むれば、……平洲先生の功勲の大なるを思わねばならぬ」と、鷹山の治績の「淵源」が細井平洲の学問にあることを主張する大乗寺良一『平洲先生と米澤』（一九五八年）も登場し、その後の思想史研究も、平洲の思想と改革との密接な結びつきを強調してきている。

ところが近年、このような理解に波紋を呼ぶ指摘が相次いで行われるようになった。米沢藩では、家老・竹俣当綱《たけのまたまさつな》らが荻生徂徠の学説の影響を受け、それが藩政改革の支柱とされたというのだ。* この指摘は、鷹山の師・細井平洲が批判・克服したはずの徂徠学こそが改革の思想とされたということを意味する。だから、この立場からは、徂徠学を信奉した竹俣当綱と朱子学的傾向を持った平洲・鷹山とが思想的に対立し、それが天明二年の竹俣当綱の失脚につながったとする説まで提出されているのだ。これは果たして事実なのだろうか。いったい、私たちは米沢藩政改革の思想的背景をどこに求めたらよいのか。

「この国字を見候えば、ほんに涙がこぼれ候」

こうした疑問に関して興味を呼ぶのが、竹俣当綱の次のような発言である。すなわちいう、「日本・中国には数々の軍書があるそうだが、……その中でも『孫子国字解』は、誠に広大深遠にわたり、あの難解な『孫子』の本文も、徂徠先生の解説で夜が明けたように明快に理解できる」。「この国字を見候えば、ほんに涙がこぼれ候ようなる事にて、さてもさても、日本にかかる人もあるものかと、たまげたるまでのことに候」*と。『孫子国字解』は、中国の兵書『孫子』を徂徠が和文で解説したもので、言うまでもなく軍学・兵学の書である。

幕末維新期以来、米沢藩政改革については、紆余曲折《うよきょくせつ》を経ながらも、基本的には儒学思想をその淵源と見てきた。「聖人」説、平洲説、徂徠学信奉説いずれもそうである。ところが、この竹俣の言葉は徂徠への信奉を示すものではあるのだが、

---

* 河村一郎『防長藩政期への視座』（私家版、一九九八年）、小島康敬『増補徂徠学と反徂徠』（ぺりかん社、一九九四年）、芳賀徹「行動的徂徠派の群像」（『中央公論』八五―一三、一九七〇年）等。

* 竹俣当綱『兎兵法』（天明五年〈一七八五〉、市立米沢図書館竹俣家文書）。

竹俣が感銘を受けたのは徂徠の儒学書ではなく、軍学書・兵学書だというのだ。兵学と言ってもピンと来ないという方もおられるかもしれない。だが、江戸時代の支配思想に関する近年の研究を踏まえれば、これは決して簡単に無視できる発言ではないのである。江戸時代の軍学・兵学とはどのような学問だったのだろうか。

江戸時代の兵学

江戸時代の支配思想については、長く儒学——朱子学《しゅしがく》がそれであると見なされてきた。例えば、徳川家康が林羅山《はやしらざん》を登用して朱子学を官学・体制教学とした、といった理解は現在でも時として目にするが、現在の思想史研究ではこうした見方は過去のものとなった。

徳川幕府が私塾に過ぎなかった林家の塾を官学化したのは一八世紀末の寛政《かんせい》の改革の時で、儒学が社会的に広がりを見せ始めるのもその頃のことだったことが明らかになってきたのである。同時代の中国・朝鮮と比べればなお一層、江戸時代における儒学受容が限定的なものだったことが浮き彫りになる。*

それでは江戸時代の支配思想はいったい何だったのか。脚光を浴びたのが軍学・兵学である。日本思想史研究者の前田勉によれば、江戸時代の兵学は武士の間に広く浸透し、その影響力は、兵学者と対抗関係にあった朱子学者も「イツノ頃ヨリカ、軍法テ国ノ仕置ガナルト云コトヲ云出シタ。コレハ唐《から》ニハナヒコトゾ」（佐藤直方《なおかた》）とか、「ことに理にくらき人は、兵に荷担して、国家を治むるの道も、是に外ならずといふ」（室鳩巣《むろきゅうそう》）と認めざるを得ないほどだったという。*

---

* 中国・朝鮮では、朱子学が国家理念とされ、それに基づく試験により登用された科挙官僚が政治支配者となった。

* 前田勉『近世日本の儒学と兵学』（ぺりかん社、一九九六年）。

しからば、兵学とはどのような学問だったのか。前田によれば、それは「武芸」や「武士道」とは異なり、膨大《ぼうだい》な人数を組織・操作する組織管理術、それを支える人間観察術であり、戦略・戦術論にとどまらず、非戦闘員を含む軍隊組織を自在に動かす経営の学であったという。「兵法は国家護持の作法、天下の大道なり」（北条氏長『士鑑用法』）という兵学者自身の言葉が示すように、近世日本の兵学の特徴は、そうした軍隊統制の技術・考え方をそのまま平時の治国平天下に応用した政治論でもあったというのである。

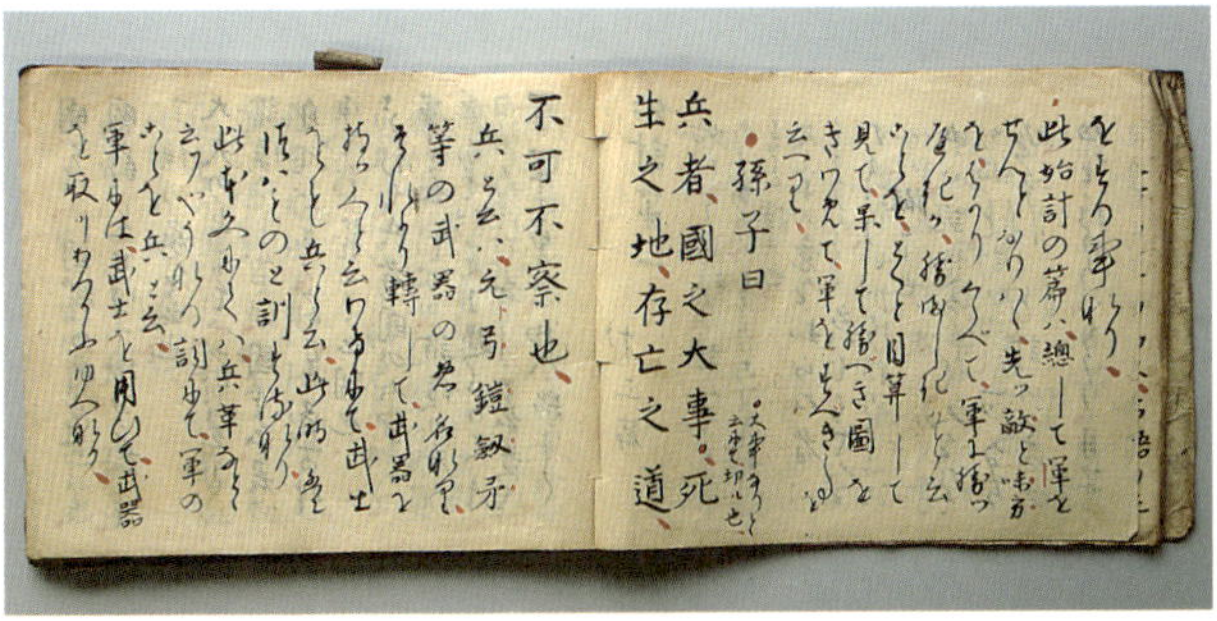

竹俣当綱が筆写した『孫子国字解』の一部　米沢図書館蔵

その兵学の思想としての特色をよく示しているのが、軍隊統制論である。戦争が一騎討ちのような個人同士の戦いから集団戦に変化したことを受けて、近世の兵学は抜け駆けのような個人行動を統制し、軍隊規律を徹底するため軍法を重んじた。と同時に、士卒の戦闘意欲の高揚と自発的服従心の調達とを重要な課題としてもいた。というのも、戦争に参加する人びと全てが自ら納得して戦地に赴くわけではないからだ。そのような人びとをも大将が自在に動かすために兵学が認めるのが「詭道《きどう》」＊である。大将は、

＊「詭道」　「詭」は、いつわるの意。

道理を説き聞かせても理解しない「愚民」を思いのままに「操作」するために、自身が信じてもいない鬼神や占いを利用したり、自己の真意とは異なる言動を演技・偽装することを容認するのである。こうした「詭道」の考え方は、理知的な道徳や君主の誠意・徳による教化によって人びとを正しい方向に導こうとする儒学・朱子学とは決定的に異なるものだ。さらに、このような考え方は兵学と儒学の経済論にも鮮やかな対照をもたらす。低次の欲望を抑制・克服して徳を慎み、自己形成を図る儒学の経済論がおおむね倹約論を基調としたのに対して、兵学者は行動の原動力としての欲望解放論に立ち、積極的な経済策を説いたのだという。朱子が「仁義」に対する「利」を「富国強兵」と解して否定したのと対照的な富国強兵論や交易《こうえき》論（商業活動の容認）も、一八世紀半ば以降、兵学者らによって盛んに説かれるようになったのである。

米沢藩の改革と兵学

米沢藩に目を戻そう。米沢藩政改革が、さまざまな施策によって人びとの心を動かそうとし、積極的な経済政策を打ち出したのは、実に兵学の影響ではなかったか。一例をあげよう。武士である家臣たちが自身で荒れ地の開墾作業などに従事した「御手伝《おてつだい》 忠信道《ちゅうしんどう》」である。全階層にわたる多くの藩士を動員し、士気を高めることに成功したといわれるが、その要因を示す逸話として、鷹山みずから蓑笠《みのかさ》に草鞋《わらじ》ばきで耕作場に現れ、太刀の鞘尻《さやじり》で酒樽の鏡を突き割って酒をすすめ、家老竹俣らの「手酌《てしゃく》」で小身の者まで労《ねぎら》ったと伝わる（『上杉家近来政事大略』等)。これが、一瓶の酒を川に流して士卒と共に飲み、苦楽を共にするという中国兵書が模範とする行為とよく似ているのは果たして単なる偶然だろうか。もちろん、これは虚実も十分定かでない逸話に過ぎないから、単なる偶然として片付けてしまうこともできよう。

ところが、竹俣の後年の回想によると、江戸藩邸の類焼という事態に意気消沈していた人びとの心を奮い立たせた「御手伝忠信道」を通じて、人・組織の統率には、中国の兵書である『三略』の言葉によらなければならないと思い知った、と述べているのだ(『治国大言録』)。こう見てくると浮かび上がってくるのが、「御手伝忠信道」実施の前年(明和八年)、竹俣が農村支配の役人に対して与えた指示である(「行事仕立方内評」)。竹俣はいう、多くの百姓が耕作に出精して農業生産を向上させるためには、風儀気立てが一様ではない数万人の百姓を、木遣《きや》り唄*によってわが身を動かすように郡《こおり》奉行が心のままに動かせなければならない、これは「軍書等にも相見へ」ることだ、と。実はこの農村支配役人への指示は、荻生徂徠の『孫子国字解』の一節で論じられた大将―士卒の関係を、郡奉行―百姓に見立てた上でほぼそのまま引用したものなのである。竹俣を中心とする米沢藩の改革、特にその人心掌握策は、実にその初発から兵学の発想によっていたのだ。兵学が、米沢藩政改革の思想的背景として存在したことは、重要な事実と認定しなければならないのである。

だが果たして、米沢藩の改革の思想的背景を軍学のみで説明し尽くすことはでき

＊ 木遣り唄　大木や石を大勢で引いて行くときにうたう歌。

るのだろうか。前に述べた明治期以来の鷹山論に鑑みれば、この疑問は一層深まるといわざるを得ない。以下でさらに追究してみよう。

吉田松陰・品川弥二郎と『産語』

幕末に活躍した兵学者の一人に、吉田松陰《よしだしょういん》がいる。次の引用は、その松陰が好み、松下村塾に学び維新後の政官界で活躍した品川弥二郎《しながわやじろう》に与えた言葉（書）である。

不掬糞水不能成善農。不断筋脉不能成善工。不傷肩背不能成善賈。不踏死地不能成善士。（糞尿のくみとりをしないようでは、すぐれた農民にはなれない。筋肉や血管を傷つけないようでは、すぐれた職人とはなれない。（棒を担いで）肩や背を痛めないようでは、すぐれた商人にはなれない。死地をくぐらなければ、すぐれた士にはなれない。）

これは、荻生徂徠の高弟として知られる儒学者・太宰春台《だざいしゅんだい》の『産語《さんご》』なる書物を典拠とする言葉だ。松陰は、ともに『産語』を読んでその内容に感銘をうけた品川らに対して、この語を選んで書き与えたという。明治三十年に研学会から刊行された『産語』の冒頭に掲載された「松蔭先生在時嘗講授産語品川子爵之図」が象徴するように、この逸話は明治期以降、かなり広く知られていたようだ。それもそのはず、政治家から労働者に至るまで様々な人の求めに応じて幾千もの書を与えたという品川弥二郎は、『産語』のこの文章を特に好んで最も多く揮毫したという。*

ところで、実はこの品川も上杉鷹山を理想的な君主・為政者と見て、その事跡に

* 「苦談楼逸事」（『東京朝日新聞』三頁、一九〇〇年三月一三日）。

「松陰先生在時嘗講授産語品川子爵之図」『産語』（明治30年）

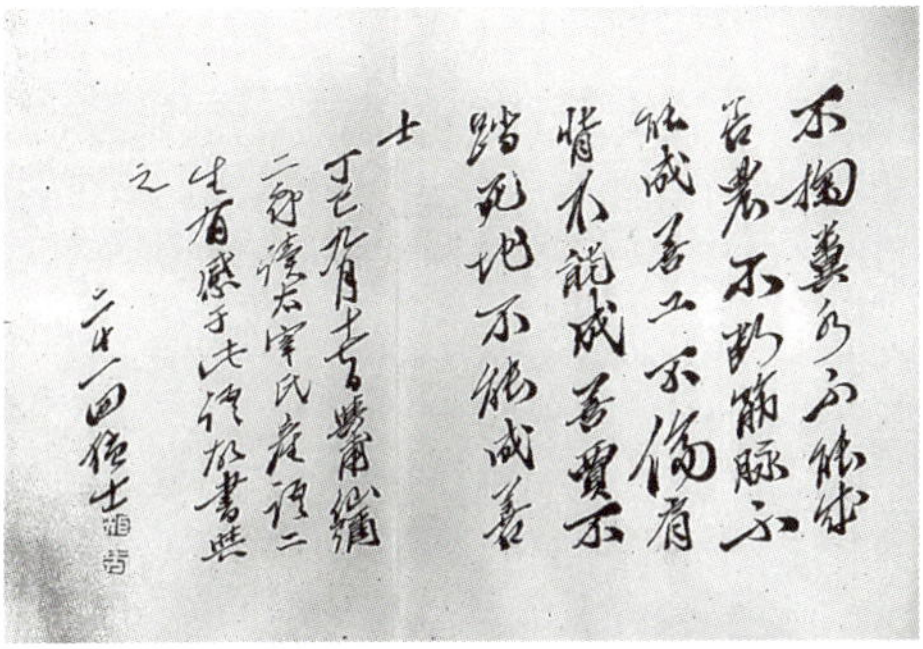

吉田松陰「不掬糞水不能成善農…」
『吉田松陰遺墨帖』

学ぼうとした人物の一人である。川村惇『米沢鷹山公』（朝野新聞社、一八九三年）の序文で品川は、殖産が急務であることを察して十年後百年後を見越した諸政策を施し、「伝国の辞」にみられるような「国家立憲の大義を達観した」人柄に信服すると述べているのだ。この序文は、著者に依頼されて書かれたものであるから、実際に品川がどこまで鷹山に信服していたかは定かでないが、鷹山の足跡を知ることが殖産や立憲といった現実的政治課題の考察に資するものととらえて序文を執筆したことは間違いない。

　このように『産語』を欠くべからざる珍書として愛読し、鷹山の治世を高く評価していた品川にして思いも寄らなかっただろうことは、その『産語』が、米沢藩政改革の思想的背景・理論的支柱として極めて大きな影響力を持った書物だった、という事実である。特に家老竹俣当綱の改革構想は『産語』抜きには考えられないと言ってもいいほどなのだ。これは何を意味するのだろうか。そもそも、『産語』という聞き慣れない書名を持つこの本は、いったいどのような書物なのだろうか。

『産語』の謎

『産語』は、荻生徂徠の高弟・太宰春台の漢文著作として、その跋《ばつ》文《ぶん》（あとがき）と宮田明*の序文を付して、江戸の西村源六、大坂の澁川清右衛門、京の西村市郎右衛門から寛延二年（一七四九）に刊行された書物である。現在も各収蔵機関等に約八〇点ほどの版本・写本の所在が確認される。この書物は、徂徠・春台の他の著作に比べるとあまり研究者の目を引くものではなかったが、一九六〇年代になって、その著者に関して大きな波紋を投げかける指摘が現れた。問題となったのは、奈良の古寺から発見された中国の佚書《いっしょ》を大坂市中で手に入れたと記す春台自身のあとがきである。これを重視すれば、『産語』は中国古代＝戦国時代末の諸子百家のうち「農家」の思想を記した書物で、中国では失われたものが日本にのみ伝わったものではないか、というのである。*これが事実であるとすれば、米沢藩の改革は儒家でも兵家でもない、「農家」の思想に基づいていたという、予想だにしなかった結論が導き出されることになる。むろん米沢藩の研究にとどまらない幅広い分野にわたって、国際的にもまことに大きな衝撃を与えるだろう指摘であることはいうまでもない。

このように『産語』は、いかにも謎めいた書物であり、その成立事情自体に大いに興味を引かれる書物である。もちろん、この指摘に対しては、『産語』の内容の

＊ 宮田明　号金峰、春台の門人。

＊ 神谷正男『産語―人間の生き方』（明徳出版社、一九七一年）。

詳細な検討に基づいた疑義も提出されており*、残念ながらただちに事実とするのは難しい。一ついえることは、江戸時代以来『産語』を手にしたほとんどの人物は、春台の著作と信じて疑わなかったということだ。春台が示した『産語』に目を通した徂徠が、しばらくして「これは太宰氏の御手作じゃ」と見抜いたとの逸話も伝わるが、そもそも『産語』という書物自体の特徴が、「徂徠学派」の重鎮としての春台の著作であることを強く示唆《しさ》していたからである。

『産語』と古文辞学　ではその特徴とは何か。一つは、これが古雅な漢文体で書かれていることだ。宮田明は序文で、春台が得意とする古文辞*を用いて古代中国の書物に擬したのだと説く。つまり、『産語』は、荻生徂徠が提唱した「古文辞学」に精通した春台の漢文著作、との意味づけの下に刊行されたのである。古文辞学とは、朱子など後代の学者の注釈によらず、古代の言語にさかのぼりそれに即して四書五経等の経書を解釈することを提唱したもので、朱子学を徹底的に批判した徂徠学の核心をなす学問方法だ。朱子学の文献・解釈を通して経書を理解していた当時の学者たち・学界に大きな衝撃を与え、多くの信奉者を生み出していた。「徂徠ノ説、享保ノ中年以後ハ、信ニ一世ニ風靡スト

太宰春台肖像

* 永吉雅夫「太宰春台と『産語』」（『追手門学院大学研究紀要』二三、一九八九年）。

* 古文辞　古代中国の言語、特に秦漢の文と盛唐の詩。

云ヘシ。……世ノ人、其説ヲ喜ンデ習フコト、信ニ狂スルガ如シ」（那波魯堂『学問源流』）との証言も残る。

そして、徂徠学を慕《した》ってその高弟服部南郭《はっとりなんかく》に詩文を学んだ穴沢杳斎《あなざわようさい》、竹俣当綱に『論語徴』や『大学解』（ともに徂徠の経書注釈書）を講釈した高津兵三郎の存在が示すように、古文辞学の衝撃は米沢の地にまで波及していた。竹俣が学識ある人物として両者を敬《うやま》い、高津が「菁莪《せいが》社中」の一員だったことが示すように、この流れは藩政改革に注ぎ込んでいく。かくて『産語』は、徂徠が提唱した古文辞学への関心の高まりが藩政改革の一つの前提だったことを象徴する書物なのである。

『産語』と『経済録』

『産語』という書物のもう一つの特徴は、宮田明の序文が「嘗《かつ》テ経済録ヲ著シ、……此書ノ如キハ亦其ノ緒余ナリ」と述べているように、春台が『経済録』で論じ残したことを一書にまとめたもの、と位置づけられて刊行されたことである。春台の主著の一つである『経済録』は、広く政治・経済・社会にわたって「経世済民」＝治国平天下の術を論じた、「経世書」と呼ばれる書物である。＊豊富な和漢の制度・政策の実例を踏まえて現実的に政策を論じた『経済録』は、荻生徂徠『政談』＊などと並んで、江戸時代を代表する経世書の一つであった。だから、少なくともその読者に視点を合わせれば、『産語』は『経済録』と深い関連を持つ徂徠学派の経世書という性格を持っているのである。そしてこれらの経世書は鋭い現状認識と強烈な政治意識によって書かれていた。例えば、『産語』第三章には、

＊『経済録』　享保一四年成。十巻。卓越した社会認識論や貨幣経済の現実を直視した富国策で知られる。

＊『政談』　武士土着論や身分制度の確立などを論じて将軍吉宗に献呈された。

「いまどきは、尊い地位にあるはずの君主が財政難のため市井の人に頭を下げて資金の融通を仰ぎ、尊敬されるべき賢智の士が腰をかがめて俗人に借金を頼んでいる」と、あたかも米沢藩の現実をそのまま描写したかのような記述もあり、『経済録』「惣論」には「聖人の道は、天下国家を治るより外には別に所用なし」というようにその経世意識が表現されている。これらの文章を筆写した後に、「私見では、害を取り除いて国を富まし、民を安んずること」といったコメントを書き込んだ読書ノート*を見れば、竹俣当綱が徂徠・春台の経世書に大いに共感し、刺激を受けたことは疑いない。かくて『産語』は、「どれほど自分の心身を修めても、国家を治める方法を知らなければ全く無益である*」といった政治意識に基づいて徂徠・春台が提示した現実的・具体的な経世論に対して、藩政改革を志向した人びとが共鳴したことをも象徴する書物なのである。

「治生」の思想　ではいったい、『産語』はどのような経世論を説いているのだろうか。『産語』の序文が「古先聖王の道も必ず治生から始まる」と述べているように、実はこの「治生」という言葉こそは『産語』のキーワードだ。「治生」とは何か。それは、天子から庶民に至るまでの人びとが、くらしの道・生計を立てるための職分・生業のことである。竹俣が「富国も安民も、人びとが道に従ってそれぞれの家業に精勤することが基礎なのだ」（『耳雑談』）と述べているように、万民の経済生活の安定こそが富国実現ひいては秩序道徳の確立につながるというのが『産語』

* 市立米沢図書館竹俣家文書。
* 『徂徠先生答問書』上。

の基本的な考え方なのである。* さきに見た『産語』序文の言葉は、その「治生」こそが、世界の秩序を成り立たせる基礎であることを強調したものだったのだ。

竹俣当綱は、このような『産語』の主張をうけて「人びとの生の治め方（治生）が悪ければ、国家は衰え、ついには人びとは餓死《がし》にいたる」とし、後に品川弥二郎らも重んじた「不掬糞水不能成善農……」の語を引用する（『耳雑談』）。竹俣は『産語』に触発されて、「富国安民」という政治目標を達成するため、身分や地域によって異なるくらし・生業を持つ人びとを、いかにしてよりよい「治生」（家業の精勤）に導くか腐心することになったのである。竹俣が「人びとを教え導く役人のために、四民の治生の道のあらましを著した」とする『耳雑談』『雨夜之昔』や『（四境）勤方之心得』* などを著すことによって、武士たち自身も含めた「治生」の心得を徹底させようとしたのは、実に『産語』の「治生」の思想の影響だったのである。

「尽地力之説」

その一方で、四民が家業に精勤しただけでは富国・安民という目標は実現されない。竹俣が「藩主が一国の事を苦心して世話し、各分野の官職を設けて委任して、四民が安定的に生を治められるようにするのである」（『耳雑談』）ともいう通り、四民の生業の実際や地域の特性を熟知した適切な政策や制度が必要だからだ。そこで『産語』は「尽地力之説（地利之説）」なるものを提示する。これは、単純にいえば、五穀にとどまらないさまざまな産物を土地の特性に応じて生産すべきだという主張だ。君主の治める国土には当然、農耕に適さない土地もある。だが、

* なお、これは「衣食足りて礼節を知る」「富ませて後教える」といった中国の古典に見える考え方に連なるものといえる。

* 『耳雑談』『雨夜之音』『勤方之心得』　安永七・八年成。『聿修篇』によると、これらは後年まで尊ぶ者が多かったという。

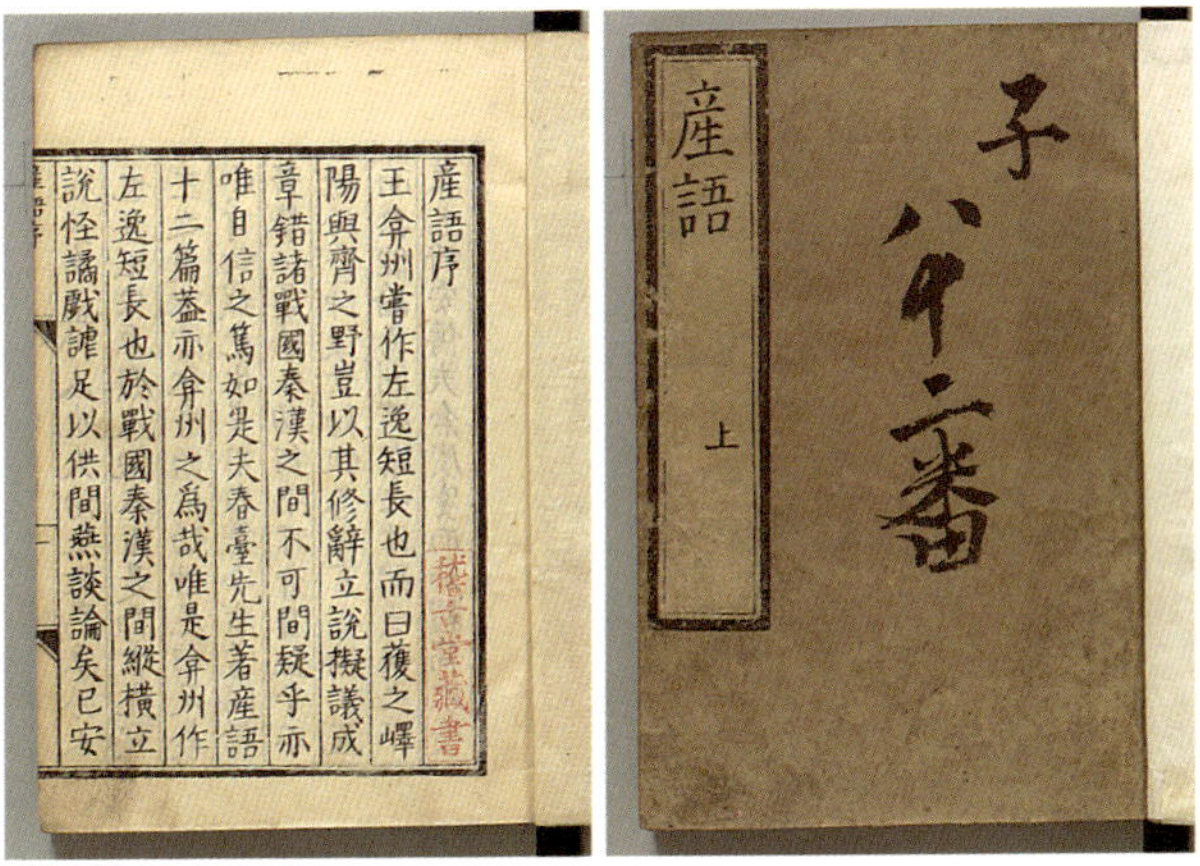

『産語』鷹山手許本　米沢図書館蔵

一見、利用価値が低いようにみえる土地であっても、必ず何らかの地力（生産力）を備えている。そう見れば、土地の力は無尽蔵であって、そこから産出された各種の産物を他領に移出すれば、人民に有用でかつ国家の利益ともなるというわけだ。『産語』によれば、そもそもこの「尽地力之説」は、神農氏《しんのうし》＊という古代の聖人（先王）の遺法で、それが後世に伝えられ、なかでも魏《ぎ》王の臣下であった李悝《りかい》＊は、これを実践して大いに国を富ませた。このような「尽地力之説」は、一国の政治を司ることを「治生」とする諸侯にとって、財用を足し百姓を安んずるための秘法ともいうべきものである。

以上が『産語』に見える「尽地力之説」の概要だが、実はこの「尽地力之説」こそは、『産語』＝「農家」説の根拠の一つとされたものである。というのも、そもそも「尽地力」の語源は『漢書食貨志《かんじょしょっかし》』・『史記貨殖列伝《しきかしょくれつでん》』にさかのぼるのだが、これらには「尽地力之説」の具体的内容

＊**神農氏**　中国古伝説中の帝王。人身牛首で、人民に農業や養蚕、医薬の方法を教えたとされる。

＊**李悝**　中国、戦国時代初期の政治家。文侯（在位前四四五〜前三九六）に仕えて、土地の開拓、空閑地の利用などの経済政策（「尽地力之説」）により魏国を富強にしたといわれる。

がほとんど分からないほど簡単な記述しかない。『漢書食貨志』を引用した『農政全書』（中国明《みん》代の農書）、元禄期に書かれた『農業全書』後叙（貝原好古）などに見える「尽地力」の語も同じである。これに対して『産語』では、これらの断片的な「尽地力之説」の記述の空白を埋めるかのように、古代聖人以来の説の継承関係を明記して、開発・殖産の方法を具体的に記述し、それが「聖人の道」にかなうものであることが示されているのだ。

こうして、米沢藩の改革が「地の利を尽くす」を標語・理念として展開したのは、産物の他領への移出という観点まで交えて積極的な経済政策を促す『産語』の経世論に大きな影響を受け、依拠していたからである。竹俣当綱が自分の読書ノートに『産語』の全文を書き写して学び、意見書等の著述の多くに『産語』の文章を引用して藩政を論じていることは、『産語』と藩政改革との結びつきを端的に示している。さらに注目すべきは、鷹山が手元に置いて愛読した書物群＝「鷹山公御手沢本」の中にも、『産語』が含まれていることだ。鷹山本人も『産語』を読み、「地の利を尽くす」という理念に共鳴して改革を推進したのである。こうして、鷹山の御前で『産語』の内容を披露して審議し郷村出役の設置を決定したと竹俣が述べているように、*『産語』は具体的な改革政策の評議の場で決定的な役割を果たすほど重視されていったのである。

『産語』と兵学

さて、以上のような『産語』の内容を藩政改革の思想として

* 『国政談』。

見た場合に注目されるのは、その関心・論点が兵学による治国論とよく通じ合うように見える、ということだ。とりわけ、富国安民を目指した治生論や尽地力論は、兵学の組織管理論や富国強兵論の関心とぴたりと重なり合うかのようである。この点、実はそもそも、太宰春台の師である荻生徂徠自身、その思想の本質は兵学にあるのではないかと当時から指摘されていた。寛政三博士の一人で朱子学者の尾藤二洲が、「彼ハ聖門ノ学者ニアラズ。功利ノミ事トセル事ナリ。孫子ヲ好ミテ国字解ヲ作レルハ、其本志ノ注グ所ナリ」*と述べているのがそれである。徂徠らの経世論に孕《はら》まれた志向＝「功利」の追求は、『孫子国字解』執筆と通底するもので、その「本志」は兵学にあるというわけだ。もちろん、『産語』を含めた徂徠・春台の経世書は「聖人の道」への信頼（儒学的立場）を表明しているから、『産語』＝兵学書では決してない。しかしその経世論は、親兵学的といえる内容をも持っていたということになる。

上杉鷹山と儒学

だがそうだとすれば、幕末以降の学者たちがこぞって鷹山の改革を「聖人の政」「周公孔孟の政」「三代の治」*などと呼んで、儒学に基づいた理想的治世の実現と見なしたのは、事実誤認だったのだろうか。決してそうではない。例えば鷹山が学問について、「聖人の道」（儒学）が「人の人たる道」（修身）であると同時に「治国平天下の術」（治国）であるという「学問の根本を理解していれば、徂徠学でも朱子学でもかまわない」*と強調しているのは、明らかに徂徠学―折衷学

---

* 『正学指掌』（天明七年刊）。

* 「三代の治」　夏・殷・周の三代の王朝は、理想的な治世と見なされた。周公（名は旦（たん））は、紀元前一一世紀頃の人で、周王朝の文王の子、武王を助けて殷を滅ぼし、成王の摂政となった。

* 『対問』（安永三年、上杉文書）。

—朱子学という当時の儒学界の構図を意識した言葉である。

実は鷹山は、安永年間頃までは荻生徂徠の影響を強く受けた著述を残しているのに対し、隠居した天明年間以降は朱子学的な考え方に沿った著述がほとんどになる。このことは、徂徠学衰退—折衷学盛行—朱子学正学化といわれる儒学界の潮流と軌を一にしている。つまり鷹山は、師の細井平洲が説いた折衷学的学問方法を生涯一貫して尊重しつつも、儒学界の潮流に対して相当に敏感だったのだ。鷹山が儒学を重んじたことはここに明らかである。

諸学の組み合わせ

では以上から得られる結論はなにか。米沢藩政改革の理論的背景についてのもっとも妥当な見解は、儒学・兵学をはじめとする諸学の組み合わせだったというものである。鷹山らは、兵学の人心掌握術や積極的経済策、儒学の道徳・教化論、農学や医学の技術論などを柔軟に取り入れながら、改革を推し進めたのである。そしてこのことは、実はそもそも、単一のイデオロギーに依拠して行われたわけではない江戸時代の政治のあり方をよく反映してもいるのだ。「農家」説が提出されるほど多様な思想内容を含んだ『産語』が改革の支柱となったのは、こうした多元的で柔軟さを持つ政治文化と重なり合うものだったからではないか。

「風俗」改革

問題は鷹山らが、それら諸学の組み合わせによって何を実現しようとしたのか、という点にある。実はここにこそ、米沢藩政改革の思想的特色があるからだ。キーワードは「風俗」(の改革)である。この「風俗」という語は、基本的に衣食住・働き方や家族関係をはじめとして人々の生活・行動様式の総体とそのモラルを指すが、歴史的に、現在の語感とは少し異なる意味で用いられてきた言葉だ。例えば、中国では「民事的な規範」「集合的な秩序状態」を意味した「風俗」という観念のもとに、政治・社会の秩序が論じられた。それは、不可知の未来にむけて人間がいかに社会的実践を行ってゆくべきかという関心を伴うものでもあったという。*

米沢藩に目を戻すと、長期にわたって、家督相続の統制、博奕・鍋女（遊女）・間引き等の禁止、質素律義・力田（農業出精）・親孝行・養老（敬老）等の奨励など、「風俗」改革に関する政策が実施されていたことがわかる。鷹山自身、「常々申し談じ候通り、治国の基は風俗に止まり候」というように、「風俗」への働きかけが政治の基本であることをたびたび家臣に説いていた。*鷹山は、一貫して士民の「風俗」改革への意思を持ち、どうすれば政治・社会の秩序をよりよいものに導けるかということを、生涯にわたり自らの課題としていたのである。米沢藩の「風俗」改革は、よりよい未来に向けた鷹山の政治的実践であった。

「教化」と「富国安民」

「風俗」の改革を根本的な目標としたことと並んで米沢藩政改革を特色づけているのが、徹底して「富国安民」とそのための「御国民」「教化」を目指したことである。「国を富まし民を安んずるのは（＝富国安民）、地の利を尽くすことにつきる」という鷹山の「上意」（安永二年）が示すように、「富国安民」

---

* 岸本美緒『風俗と時代観』（研文出版、二〇一二年）。

* 『鷹山公世紀』七六九頁。

という目標は、明和・安永改革の「地の利を尽くす」、寛政改革の「民利御国益」という具体的理念を伴って、長期にわたる改革の現場レベルで一貫して追求されたものだった。こうして、「地の利を尽」くして「民利御国益」を実現するに足る産業の導入・振興が図られたのである。それは同時にそうした産業の担い手としての民衆にも生活・行動様式の改革を求めるものだった。「農業を一際勤めて、（養蚕等の）金銭を手取る事を知らざる誤り」という教諭に見られるような金銭収益に主体的に向き合う姿勢や、「不掬糞水不能成善農……」というほどの「力田」の努力を当然とするような労働意識・生活習慣を「風俗」として定着させることが目指されたのである。こうして、『産語』を柱とする諸学の組み合わせは、米沢藩政改革を特色づける「富国安民」論的「風俗」改革の実践に帰結したのである。

近世日本の政治文化

本節の最後に展望として述べておけば、こうした「富国安民」論は、明治期以降に登場した「国民生活の犠牲の上に富国強兵を図る国家」につながる議論とは、（その一つの前提という側面を持ちつつも）一線を画するものと言えるだろう。諸学の組み合わせを背景として、国家による福利策を前提に民衆の主体的努力を説く「富国安民」論を理念・思想とし、藩主の徳性に基づいてよりよい政治・社会秩序の実現（「風俗」改革）を目指した米沢藩政改革は、その意味で近世日本の政治文化をよく表現した、江戸時代の代表的な政治改革だったと言えるのである。

---

* 北村孫四郎『北条郷農家寒造之弁』。

二　「明君」と民衆

「明君」とはなにか

上杉鷹山の名に冠される「明君」とは何だろうか。そもそも「明君」とは、賢明な君主、すぐれた君主の意で用いられる言葉だが、それは早く、東アジア世界で広く読まれた古典の一つ、『孟子《もうし》』に見えている。つまり「明君」とは、東アジア世界で鍛《きた》えられた為政者像・君主像なのであって、単に優れた君主というばかりでなく、天の意思と人望・民意に叶い迎えられた（そのように認識された）君主を指しているのだ。日本近世でいえば、民間から政治への回路を設定するなどして、長く明君とされてきた徳川吉宗《よしむね》は、「天意人望」に迎えられて将軍になったと描かれた。だから、「明君」を論じるということは、同時代の社会や民衆のあり方と切り離しては考えられないのである。明君論を先駆的に提起した深谷克己が、「明君」を取り上げることは「近世民衆を政治史の中央に浮上させる方法」だと指摘するゆえんである。*

では、この明君論の観点に立つと、本書が対象とする明君上杉鷹山は、どのように見えるのだろうか。これまでに出版された鷹山関係の書物には、荒廃した農村で苦しい生活を送り、活力を失っていた農民たちに対して、鷹山の決意と行動・指導

* 深谷克己『偃武の政治文化』（校倉書房、二〇〇九年）第八章「明君とはなにか」。

力が希望と活力をもたらしたという見方に立つものが少なくない。しかしこれらの書物では、当時の民衆がいかなる状況に置かれて、それをどのように認識し、何を求めていたのか、ということについてほとんど関心が払われていないように見える。果たして、このような見方だけで鷹山と民衆との関係を説明し尽くせるのだろうか。米沢藩政改革を特徴づける「教化」をめぐる動きからこの問題を考えてみよう。

落涙にむせぶ百姓たち

安永六年（一七七七）十二月、藩儒片山一積の嫡子である片山代次郎は、前任の小川源左衛門に代わって、領内の小出村近辺を管轄する郷村出役に任命され、任地である小出村に赴いた。現地に赴任した片山は、竹俣らが進める漆の植立に取り組むかたわら、百姓たちの協力を得て村内の荒館という所に一軒の藁葺《わらぶ》き小屋を建てた。そこで父母への孝行などの徳目をテーマとした講釈を行おうというのである。涙を流して聞き入る者がいる一方で、疲れた様子で欠伸《あくび》をする者も多い、そのような雰囲気で講釈は始まった。ところが、定期的に会を重ねるうちに、講釈の内容が父母妻子の扶養という身近で切実な話題であることが分かってくると、多くの人が集まるようになり、ついには近隣の村々からも聴衆がやってきて、この藁屋に「むらがり居てこれを聞」く盛況となったという。* 安永八年九月四日、片山はこの教化活動の功績により、藩によって表彰を受けた。*

右の逸話は、領民に対する鷹山→片山の指導性をよく示すもののようではある。ところが、このような庶民向け講釈は、片山による講釈の一年前、藩ではなく領民

* 『国政談』。
* 『上杉家御年譜』九。

側の要求によってすでに実施されていた。安永六年の初め頃、上小松村などの富裕な百姓たちが申し合わせて、藩の役所に願書を提出したのである。彼らは、藩校興《こう》譲館《じょうかん》開設にあたって米沢に滞在していた細井平洲の講釈を聴聞したいと願い出たのだ。こうして細井平洲は、上小松村において民衆への講釈を実施し（二月七〜九日）、

平洲の廻村講話「平洲絵巻」東海市立平洲記念館蔵
東海市教育委員会写真提供

三月二十八日付伊藤玄沢他宛書簡で講釈の模様を次のように伝えている。本陣大竹芳助《ほうすけ》宅で行われた講釈には、昼夜で数百人の百姓たちが集まった。男子ばかりでは「家内しまりの為」にならないと主立った者がいうので、半日は金子十三郎宅で「頭百姓の妻子嫁娘」二〇〇人ほどに対して『孝経《こうきょう》』＊の講釈をして聞かせた。聴衆はいずれも「落涙にむせび」、米沢への帰途に就く際には、降りしきる雪のなか、七、八百人もの人びとが平伏して平洲を見送ったという。その後、米沢の町人に対して行われた講釈も同様で、町人たちは「頭をひしと畳につけ、みなみなすすりなき」する躰《てい》であった。この経緯からは、領民自身が通俗道徳的諸徳目の講釈を求

＊　孔子と曽子の問答形式で孝道を論じた儒学の経書。

め、片山や平洲の講話が彼らの共感を呼ぶものだったことがわかる。彼らはなぜ、諸徳目の講話を求め、かくも片山や平洲の講話に共感したのだろうか。越後街道の宿駅・在郷町として栄えた中小松村の百姓（青苧《あおそ》問屋）で、平洲の門人として上小松村での講釈実施の立役者でもあった金子伝五郎が残した記録によって検討してみよう。

金子伝五郎の学識と改革

金子伝五郎は、享保元年（一七一六）生まれ、寛政四年（一七九二）没、学問を好んで金淵・子龍と号した人である。伝五郎は、下小松村の田村五兵衛（田慎言卿）や米沢城下新町の忠蔵（中輔）らと漢詩文のサークルを結成したり、一族で古典等の「会読*」をしたりするなど、大変に学問を好んだが、頼りとする師も学友もおらず、未熟なままに暮らしていたという。この伝五郎に転機が訪れたのが明和八年（一七七一）六月のことである。漢詩文を通して交流のあった城下大町の町人・寺嶋吉郎左衛門から、「このたび幸いにも、兼々お噂《うわさ》していた細井平洲先生が米沢においでになっております。すぐに米沢にお越しになり、お目にかかるべきです」との書簡が届いたのである。伝五郎がさっそく平洲を

山城屋（金子伝五郎家）旧宅模型　金子家蔵

＊「野子、（自分は）学文（学問を）甚だ好み候」（『金淵仙台紀行』、市立米沢図書館林泉文庫）。

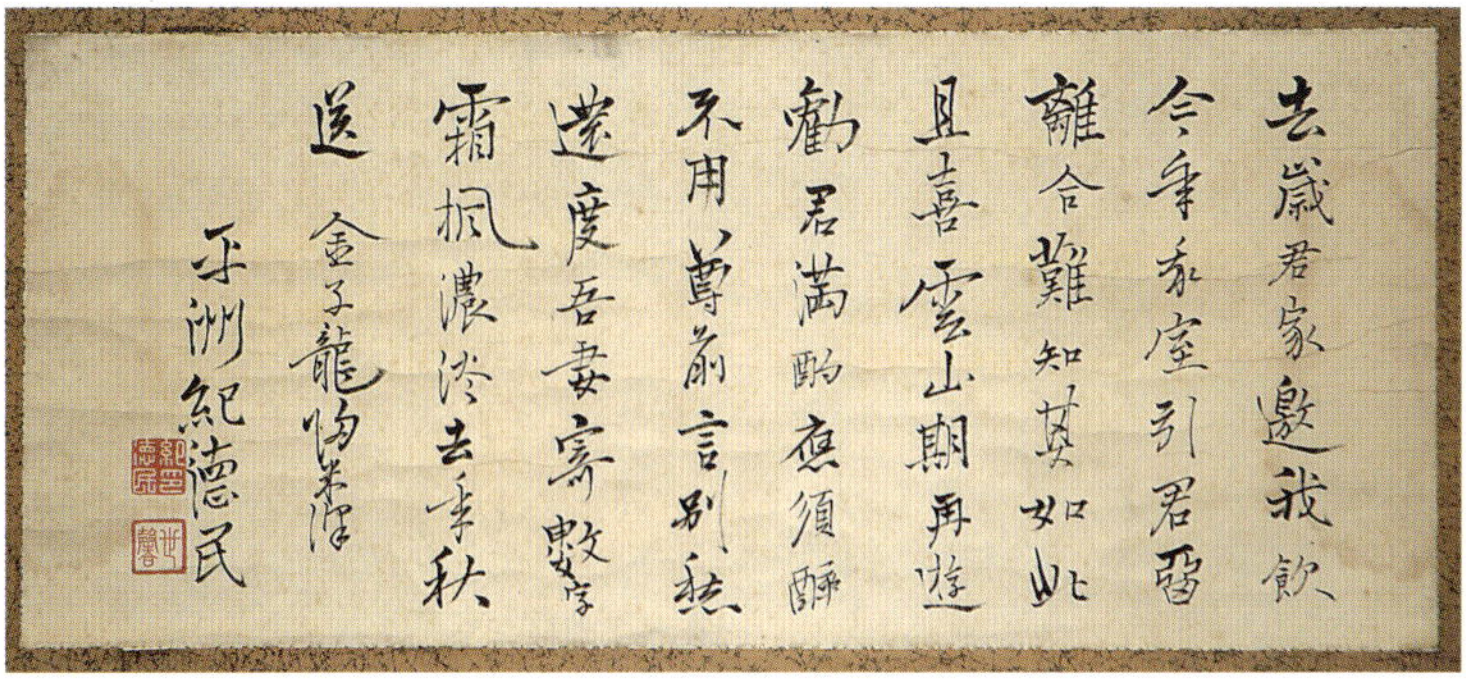

平洲送別の詩　東海市立平洲記念館蔵　東海市教育委員会写真提供

訪れると、すぐに気に入られて意気投合し、平洲の米沢滞在中、たびたび日帰りや一、二泊で平洲のもとに通い、平洲の松島見物にも随行するほど懇意となった。安永三年・同六年には、それぞれ約四ヵ月間、伝五郎は江戸に出て平洲の私塾に寄宿したが、「色々の事共有之《ことどもこれあり》候、覚《おぼえ》ひ居申《おりもうし》候（いろいろなことがありました、今でもよく憶えています）」と簡潔ながら感慨を滲《にじ》ませた言葉で回想している。

他方で、平洲との邂逅は、伝五郎が竹俣当綱や莅戸善政ら改革の中核となった人びとに知られるとともに、改革政策の立案・実施を担った代官今成平兵衛の嫡子吉四郎らと密接な交流を持つ契機ともなった。こうして伝五郎と今成吉四郎は、月三度ずつ三年にわたって『左氏伝』と『史記』の会読を行ったといわれ（平洲『小語』）、今成の建議書『農政全書国字』には、伝五郎が「こやし」の取り扱いに精通していた旨の記述が見えている。そして、「倉崎清吾・小川与惣太・穴沢庸斎・小松の金淵伝五郎ら、老いたる人びとから教えを承り、地の利を尽くすことに努めた……」（『国政談』）というように、伝五郎はその学識とともに地方の産業に通じていた側面をも高く評価され、家老竹俣当綱から殖産政策に関する諮問を受けるまでになったのだ。なぜ、これほどの人物が民間から登場したのだろうか。近年の書物でも描かれるように、そもそも当時の米沢藩領は荒廃し、農村の人びとは困窮して活力を失っていたのではなかったか。金子伝五郎についてもう少し詳しく見てみよう。

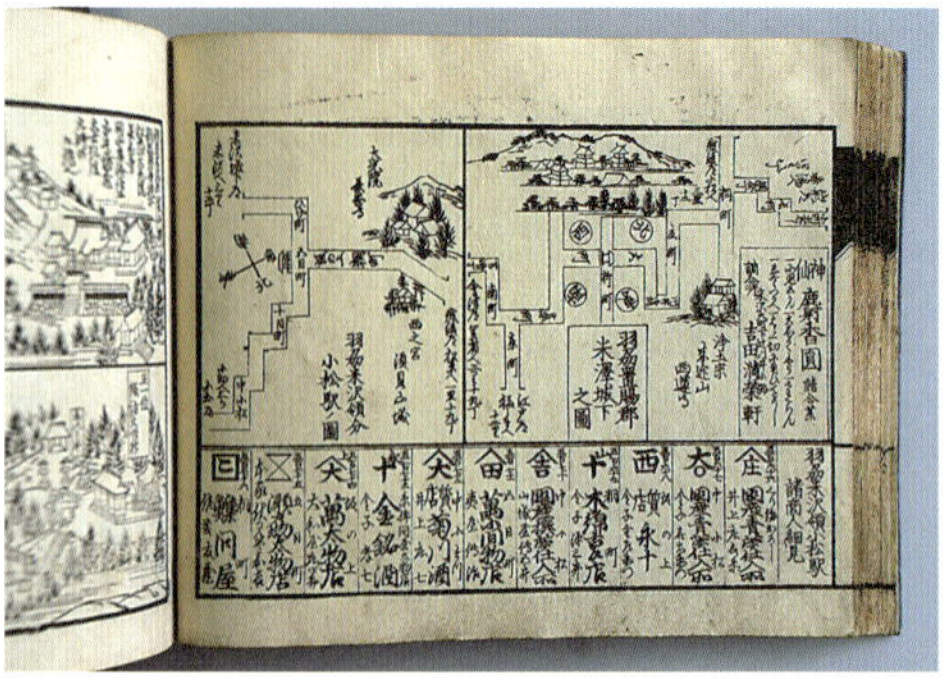
小松駅図　『東講商人鑑』

商品生産の展開と金子家

中小松村にある陽源院《ようげんいん》の開基で応安三年（一三七〇）に没した金子金吾を祖とするという金子家は、近世中期以降、山城屋伝五郎として青苧《あおそ》問屋を営んで、経済的に村内上層に位置し（なお、寛政三年の持高は三四石八升七合）、宝暦年間（一七五一～六四）には杉の植立と藩への献金により代々苗字御免となった。金淵伝五郎の没後一〇年ほどの享和四年には、中小松村の船山孝七と「金子伝五郎」が連印で、「再三にわたって内々に申し上げ」ていたものとして青苧や「国益にもなるような国産品」の専売計画案を提出している。* このように金子伝五郎家は、一

* 杉本耕一「米沢藩青苧転法と越後縮産地の動向」（山田英雄先生退官記念会編『政治社会史論叢』近藤出版社、一九八六年）。

八世紀半ば以降、米沢の特産だった青苧などの商品流通に関わることによって、急速にその経済力を高めていったと見られる。

金子家が経済的に台頭した一八世紀半ばという時期は、各地で商品生産が勢いを増し、特産物地帯が発展した時期だった。桐生の織物や村山の紅花《べにばな》は有名だ。そうした特産品の生産や流通を編成して富を蓄積した「豪農」が全国各地に登場したのである。伝五郎家の経営状況の詳細・推移は十分明らかではないが、伝五郎のような人物が登場した背景には、このような時代状況があったといえよう。そして実はこのことは、当時の地域・民衆が直面した課題の背景ともなっていたのだ。伝五郎が残した「長百姓《おとなびゃくしょう》中江《ちゅうへ》申談候留《もうしだんじそうろうとめ》」*という記録によって検討してみよう。

「たやすくハ暮しかたき世の中」

伝五郎によれば、ここ三、四十年来、人びとの生活水準が上がってぜいたくになり、物価が高くなったため出費が多く、どうしても金銭が必要で「たやすくは暮しがたき世の中」になってしまったという。今まで以上に金銭の必要性が増して「借銭」が一般化したため、その返済などをめぐって「世の中さわがしく」、「利欲を争い」、「喧嘩《けんか》口論」や「公事沙汰」（訴訟）が頻発し、父子兄弟など肉親同士の争いも絶えなかったというのである。実際に中小松村では、「人不足」の「時節柄」であるにも関わらず、大酒・病気・喧嘩口論から「御奉公相欠」く（欠勤する）奉公人らの行状も問題化している。* 大酒・病気・喧嘩口論などは、零細な百姓の没落に直結する場合があることはもちろん、奉公人を雇用

* 『金淵仙台紀行』（市立米沢図書館林泉文庫）所収。

* 江口家文書（山形大学附属図書館）。

してたくさんの田畑を耕作する上層の百姓にとってもその存続に関わる問題だったのだ。ただでさえ人不足で労働力確保が覚束ないのに、「利欲」に端を発して奉公人が労働を放棄すれば、彼らの経営もすぐに行き詰まってしまうというわけである。

伝五郎によれば、日傭い奉公人らの労働放棄にもつながるこうした事態は、総じて「衆人の苦痛、一村の騒動」と、「村」にも危機をもたらすものだった。耕作が放棄された土地の年貢弁済は、個々の百姓の経営を脅かすばかりでなく、最終的には村で負担しなければならなくなる。セーフティーネットとして百姓の存続を保障してきた村自体が存続の危機に直面していたのである。当時の農村人口減少と貨幣経済の浸透は、民衆の生活、さらには村々の存続にまで危機をもたらしていた。

このようにして立ち現れた社会問題に対して、当時の人びとはいかに対処しようとしたのだろうか。現代に比べて様々な制約がある中で、伝五郎らが可能性を見出したのが、民衆の「心」への働きかけだった。当時、ぜいたくなどを禁ずる触書の読み聞かせなどにより人びとの生活規制が図られていたことはよく知られているが、伝五郎は「法」による規制には限界がある、人びとの「心」の持ちよう・自覚こそが肝要だと説いた。ぜいたく（「奢《おごり》」）や欲望の自制（「倹」）、「孝」心の醸成と家内の「和合」、健康維持のための「養生」といった規範の意味を自覚することではじめて、人びとが自律的な生活を送れるようになると考えたのである。伝五郎が、近隣の地域住民に馴染み深い人物（百姓）の善行を表彰し、折々教諭を行ってその実践例を伝えたのは、このためだった。そして、このような伝五郎の考え方や取り組みの根拠となる理論を提供した人物こそ、民衆に身近な話題や親しみやすい語り口で孝行や倹約、勤勉などの諸徳目を説き、多くの人びとに受け入れられた細井平洲だったのである。

出役下懸りへの任命　安永八年九月、伝五郎は郡奉行所に召し出され、居村の百姓を「農作に出情」させ、心得違いの者に「異見教訓」して「心直り」させることで、「永く百姓に立ち直り候様にいたし申すべし」として、「出役下懸り」を命じられた。『平洲談話』によれば、貧窮者の救済などの伝五郎の行いが鷹山の耳に入り、近郷の百姓たちが伝五郎に信頼を寄せていたことから、「教道役」*に任じたのだという。百姓たちの信頼を得て民衆教化を志向し、平洲門人としてその学識を竹俣らに評価されていたことによって、伝五郎は特例的に出役下懸りを命じられたのである。

かくて伝五郎は、村役人たちの協力を得ながら、家業出精、倹約、禁酒、家内和合といった徳目の実践者に自ら酒肴等を贈るなど、「誉める」ことを基軸として積極的な教化活動を行うとともに、農事指導や罹病者の療治にも努めた。*

他方で伝五郎が力を入れたのが、もと下小松村の肝煎《きもいり》まで務めたが困窮した梅津《うめづ》卯惣次《うそうじ》家の立て直しである。伝五郎は、出奔していた梅津家の聟・圓六を教訓して呼び戻し、組合への田地の差配や借銭返済、家財売り払いなどを自ら取り仕切ると

* 「教道役」　実際の職名は「出役下懸り」といった（江口家文書）。

* 「挙候人江酒進候留」（『金淵仙台紀行』所収）、『孝子伝』（上杉文書七五七）。

ともに、有力百姓一〇名から援助を得、藩からも一五貫文の出銭を引き出した。伝五郎の尽力による梅津家存続の成功により、梅津家の土地の年貢が村の大きな負担となるという、下小松村存続の危機は回避されることになった。*

金子伝五郎と「風俗」改革

伝五郎は以上のようにして、地域社会を取り巻く状況を認識し、細井平洲の学問をいかしてそれに立ち向かい、地域の立て直しに取り組んだ。百姓個々の「心」・規範の自覚を促し、百姓の家経営や家族関係、村の共同性の再構築の方向性を提示した伝五郎の活動は、当時の地域の秩序の立て直しを目指した社会的実践だった。伝五郎は、地域の側からの「風俗」改革の指導者だったのである。

かくて鷹山や竹俣らが進めた「風俗」改革は、改革政策を村・地域の立て直しにつなげた伝五郎のような地域のリーダーによって、はじめて実質化されたと見ることができよう。活力を失った民衆の前に登場した「理想のリーダー」鷹山という構図のみによってはとらえられない藩政改革の側面を、伝五郎の事跡はよく物語っているのである。

三 「改革」のシンボル―明君像の形成と変容―

* 以上、「覚」(江口家文書)。

「上杉鷹山の本」

一九九三年の正月明け、山一証券の企画室付部長（後に監査役）木下公明は、バブル崩壊で五〇〇〇億円もの含み損を抱えていた山一証券の簿外債務の処理をめぐって社長室を訪れた。「一体、どうしろというんだ」と言う三木淳夫社長に対して木下は、「社長として処理方針を明確に打ち出せば、人が結集し知恵を絞るでしょう」と言葉を返し、簿外債務の早期処理を促した。実はこの時、社長室に乗り込んだ木下が手にしていたのが、「米沢藩の財政を立て直した上杉鷹山の本」だった。* 一九九七年の自主廃業にいたる山一証券粉飾決算事件の緊迫した一コマに上杉鷹山が登場したというのは、何とも不思議に見えるかもしれないが、「上杉鷹山の本」に描かれたリーダーのあり方を三木に示そうとした木下は、案外本気だったのかもしれない。

　これを遡ること一七〇年余り、下総国佐倉藩主・堀田《ほった》正愛《まさちか》は、行き詰まりを見せていた藩財政を前に、「今こそ会計法の改正を断行すべけれ」と思い定め、重臣 向《むこう》藤左衛門*に財政改革を委任した。これをうけて、文政四年（一八二一）三月九日、向藤左衛門は一通の上書を正愛に提出し、次のように言上した。「上杉侯…何拾万両の借財たりとも、残らず返済致したき心底……、金主を踏み付け不義理に及び、公務取り続き、家中扶助致したき心底これ無き旨、御内慮の由、……眼前の御自筆の御書付以前拝見、…天理に随い遊ばされ候御精実の御高論…感涙し奉り候」と。*

---

* 『読売新聞』一九九八年一〇月二〇日。

* 向藤左衛門　一七八〇～一八二六。下総国佐倉藩家老。勝手主役として財政再建を目指して佐倉藩文政改革を主導、米沢藩政改革にならったという三ツ割の法や借財整理、倹約政策のほか、歩引き法（禄削減）などの改革政策を立案した。

* 『成田市史』近世編史料集一。

向藤左衛門は、眼前にある鷹山自筆の書が、資金を融通してくれる金主への義理を重んずべきことを示しているではないか、と藩主正愛に迫ったのである。

右の二つのエピソードが大変よく似通っていることに驚かれるであろう。二つの酷似した構図の逸話からは、一九世紀の初めには、現代にまで連なる指導者の行動様式、指導者像（上杉鷹山像）が確立していたことを読み取ることができるかもしれない。その一方で、向藤左衛門が「天理」にしたがった高論と鷹山の見解を解釈しているように、上杉鷹山とその改革の描かれ方・受けとめ方は、当然ながら時代によって異なってもいる。江戸時代の人びとは、なぜ鷹山の改革に着目し、どのように描き出し、理解したのだろうか。江戸時代に成立した「上杉鷹山の本」、すなわち鷹山を「明君」として描き出した「明君録」に着目して検討してみよう。

明君鷹山への眼差し

上杉鷹山がすでに江戸時代から「明君」と見なされていたことについては、これまでにも指摘がなされてきた。例えば、倉成龍渚《くらなりりゅうしょ》*や佐藤信淵《のぶひろ》*といった学者、幕府老中松平定信や山形藩主（のち館林藩主）秋元志朝《ゆきとも》などの幕藩領主層*がのこした記録や逸話は比較的よく知られたものだ。たしかに彼らは当時一流の知識人であり、彼らが鷹山に言及しているのを見れば、江戸時代に鷹山が「明君」として広く知られていたことは自明のようではある。だが、鷹山と直に接する機会がほとんど無かった彼らはなぜ、鷹山を高く評価し得たのだろうか。彼らが抱いた鷹山像は、どのような回路・媒体によって得たものだったのか。

＊**倉成龍渚**　一七四八〜一八一三。中津藩校進脩館教授。いわゆる「棒杭の市」（無人の小店でも客が必ず棒杭に掛けられた値札通りの価を置いて品をとる習慣）を米沢藩の良風美俗として紹介した。

＊**佐藤信淵**　一七六九〜一八五〇。江戸後期の経済学者、農学者。『経済要録』で鷹山の遺徳と米沢藩の勤倹の風俗を称えた。

＊**幕藩領主**　松平定信は鷹山を慕ったと言われ、秋元志朝は米沢藩を「国富民豊…出羽第一之御国柄」と述べている（「書取」弘化二年、『山形市史編集資料』第二二号）。

注目すべきは、近年、すぐれた君主の言行を描いた書物（伝記）＝「明君録」が脚光を浴び研究者の関心を集めだしたことである。将軍・藩主らを顕彰する立場が明瞭な明君録は、歴史的事実に脚色や誇張を加えることで「上からの強制」という改革の本質を糊塗しようとしたものとも見なされ、これまでほとんど研究史に登場してこなかった。ところが、従来軽視されがちだった各地に残る旧家の蔵書や個々の本を史料として読み解き、書物・出版と社会変容の関係を問う近年の研究動向は、明君録の位置づけを一新した。岡山藩主池田光政や八代将軍徳川吉宗のものをはじめ、江戸時代に数多く成立した明君録から、当時の政治文化や政治支配のありようを鮮明に読み取りうることが明らかにされたのだ。「明君」として知られる鷹山について、新たな視角から再考する条件が整えられてきたのである。

では、上杉鷹山の明君録にはどのようなものがあるのか。鷹山明君録については、寛政元年（一七八九）に莅戸善政《のぞきよしまさ》が著した『翹楚篇《ぎようそへん》』、成立年代・事情などに不明な点の多い『上杉家近来政事大略』『上杉家覚書』『米沢美政談』といった書物が存在すること、それらが写本として数多く伝存していることなどが知られてきた。ところが、これらの鷹山明君録については、その基礎的な研究もほとんど行われず、ほぼ放置されたままになってきた。記述の事実性を厳密に確定するのが困難で、君主個人を顕彰する意味合いが伴う明君録に依拠すれば、鷹山の実像との隔たりが大きくなりかねないのだから当然ではある。だがひとたび、江戸時代の人びとがどのように鷹山の姿を思い描いたのかということを問題にすれば、鷹山明君録が写本として全国各地に数多く伝存することの重要性が浮かび上がる。いったい、これらの明君録は、どのように成立し、受けとめられたのか。江戸時代、鷹山に注がれた眼差《まなざ》しを追跡してみよう。

『上杉政事聞書』の存在

江戸時代に佐賀藩を治めた大名鍋島家の旧蔵書が、「鍋島家文庫」として佐賀県立図書館に収蔵されている。多数に上る鍋島家旧蔵書の中には明君録も複数にわたって収められているが、その中の一冊に『上杉政事聞書』という本がある。上杉鷹山を描いた明君録の写本の一つだ。この写本に付された奥書*には、次のような記述がある。安永六年（一七七七）七月頃のこと、阿波国小松島浦（現徳島県）の船頭・中島屋専助という人物が、天下諸国の治乱興廃・人物の賢愚を論じ、この書物（『上杉政事聞書』）を片手に米沢藩の「美談」を吹聴《ふいちょう》していた。すでに専助の著作『肥後の遊草記』などを筆写していたという奥書執筆者は、「わずか十一反帆の船持」である専助が「聖賢の教」を熱弁するその心意気に感じて落涙するほどだったといい、専助を「大学者」と呼んで、今時の士君子の徒は大いに恥じなければならないとまで述べている。これが事実であるとすれば、米沢藩政改革の開始からわずか一〇年、この頃すでに、上杉鷹山への関心は、米沢から遠く隔たる阿波国の一船頭にまで波及していたということになる。改革が半ばにも至らない時期に、一介の民間人が「聖賢の教」を体現したものとして鷹山の政治を称揚し

＊ 奥書　筆写の経緯を記した文章。

てまわっていたなどというのは、これまでの研究史には一切登場したことのない、まことに興味深い事実である。なぜ、鷹山の改革はこのように称揚されるに至ったのか。そもそも『上杉政事聞書』とはどのような書物なのだろうか。

『上杉政事聞書』の読者

実はこの『上杉政事聞書』という本は、これまで『上杉家近来政事大略』『上杉家覚書』『米沢美政談』などの書名ですでに活字化され、その存在が知られてきた書物とほぼ同内容である。これらは、江戸時代に印刷物ではなく、写本としてのみ伝わってきたことから、内容が同じでも異なる書名がつけられて読まれていたのである。『上杉政事聞書』は、竹俣当綱が中心となって推し進めた改革政策、特に「御手伝忠信道」の描写を核として、藩主鷹山の学問に対する熱意・安民への思いを起点に、主従関係・領民との関係の再構築が進んでいく様を比較的簡潔な記述によって描いた明君録だ（別表参照）。そこで描かれる政治動向・改革政策は、いずれも安永五年までに原型となる史実が確認されるものであるから、船頭専助が安永六年に本書を所持していたという奥書の記述とは矛盾しない。

各地に現存する写本約四〇点からは、その読者が大名や藩の家老クラス、幕府・藩の学者や幕臣などだったことがわかる（各写本の奥書等による）。注目されるのは、安永六年から同十年（＝天明元年）にかけて筆写された写本が複数あり、確認できる写本で最も早いものは安永六年八月十日に筆写されていたことだ。ちょうど船頭専助が『上杉政事聞書』を手に米沢藩の「美談」を吹聴していた時期に、何人もの人物が同じ書物を筆写して読んでいたのである。

読者の一人が、尾張藩天明改革を主導した人見璣邑《ひとみきゆう》＊だ。安永九年五月に庵原新九郎から同書を入手した人見璣邑は写本の余白にコメントを付し、藩校興譲館に関して「学校の定め方面白し、武教場を別にしたる、また一理あり」とし、「郷中教導職」（＝郷村出役）については「郷村の内、諸士も住居のようす、言外に見ゆ、愛《め》でたき国俗なり」と、民衆に対する「教導」による「国俗」の形成を高く評価する。人見が尾張藩校明倫堂《めいりんどう》の開校や代官所を領内各地に設置する農政改革、民衆教化などに尽力した人物だったことを考えれば、これらのことは大変興味深い事実だ。同時に人見は、「国家の為に身をつくす」べき家老として、重臣の家柄にも拘泥《こうでい》せず、蓑笠《みのかさ》姿で邸を出ることも厭《いと》わないという竹俣当綱父子の逸話に「この一言にて賢大夫なる事知るべし。思えば〳〵恥ずかしきことならずや」とコメントしている。人見は『上杉政事聞書』（『上杉家近来政事大略』）を読んで、米沢藩の政策を参考にするのみならず、藩政指導者としての心構えについて自省するに至ったのである。

もう一人、『上杉政事聞書』（『上杉家覚書』）の読者を紹介しよう。熊本藩で藩校時《じ》習《しゅうかん》館助教・近習目付などをつとめた有馬源内白嶼《はくしょ》＊だ。有馬はもと市井の人（町人）で、父兵左は「家貧ニシテ、菽乳ヲ鬻《ひさ》グヲ以テ業ト為」していたが、詩文に秀でた源内は、藩の医学校教授村井見朴《けんぼく》にその才を見出され、藩校句読師に抜擢されたといわれる。さてその有馬の弟子筋にあたるとみられる「池邊盛行」によれば、有馬は細

＊人見璣邑　一七二九～九七。天明元年（一七八一）藩主宗睦から国用人兼国奉行に抜擢され農政改革を推進するとともに、同三年設置した藩校明倫堂の督学に細井平洲を推挙、ともに学規を定めた。

＊有馬源内白嶼　一七三五～一八一七。有馬の経歴については武藤嚴男『肥後先哲偉蹟』参照。

表：『上杉家近来政事大略』内容一覧

	本文内容	根拠となる事実と年代
1	森平右衛門の姦佞と竹俣当綱による誅戮。竹俣家老となり、「君の仁政を助け今年十年…国中尽く悦服す」。	宝暦13年2月竹俣らが森を刺殺。明和2年竹俣奉行（家老）となる。／明和4年上杉治憲襲封。
2	細井甚三郎の登用。先君重定の隠居。当主治憲の学術･聖道の講習。倹約と公儀への忠勤。	宝暦10年平洲江戸で重定に講義。／明和4年重定隠居。／明和4年大倹執行、同年増上寺火之役。
3	明和年中西御丸御手伝。明和九年江戸大火で藩邸類焼。国用困窮上下万民愁苦。	明和6年幕府西丸手伝。／明和9年2月江戸大火藩邸類焼。
4	三月節句江戸大火の注進米沢に到来す。竹俣当綱の冷静な態度。	明和9年3月3日江戸から藩邸類焼を知らせる飛脚到着。
5	大難により下々への仁政が成らぬと当主治憲の愁心。三月四日細井甚三郎の言葉により「初て安心」。	（明和9年3月6日細井平洲時服などを拝領。）
6	其砌、藉田の古法に習い御手作場を設け、当主自身泥田に入り儀式を行う。佐藤文四郎が名代として耕作、秋に実入り宜しく出来。「国中ふるひ働き申候て一人として農業を怠る者なし」。	明和9年10月8日佐藤文四郎藉田初穫の糯米自身持参、金三百疋労賜。
7	家臣団が御手伝を願い出て蓑笠に鋤鍬を持ち荒田を起返す。当主･大臣巡見して酒食を賜る。	明和9年3月～安永4年5月御手伝人足として家中全階層を土木作業に動員。
8	諸士･竹俣当綱とともに領内庄司平なる険阻な山より材木を伐り出し江戸藩邸再建のために積み出す。領内の百姓共追々願い出て江戸に登り作事の手伝いをいたす。	明和9年3月20日「身分不相応ノ勤タリ共申付次第可相勤旨…存寄」申出につき与板両宰配頭三十人頭を召し出し御手控を以て頼み入る旨申し渡す。
9	領内の大工共、道中八日を申し付けたところ六日で江戸に赴き、江戸家老からの一、二日の休息指示にもかかわらず翌朝から小屋場へ出て作事を始める。	
10	諸士申し合わせて、石の伐り出し･道橋普請･池掘り･諸作事にあたり、参加者の着到帳を作成しようとしたが名乗り出る者一人も無く、城下に三間半に廿五間の土蔵五棟成就。漆桑楮各百万本を領内空き地に植える。小出村百姓思い思いに願い出て百姓救い米蔵を建てる。	明和9年3月～安永4年5月御手伝人足として家中全階層を土木作業に動員。／安永3年6月北寺町に三間と二十間の備籾蔵五棟を新築。／安永4年9月12日漆桑楮各百万本植立計画発表。
11	家督以来領分百姓町人孝悌の民へ恩賞を賜る。孝子の申し出間断無し。	明和年間から表彰者数増加（『孝子伝』上杉文書）。
12	竹俣当綱男友弥を御手伝人足に差し出すことに疑問を呈した竹俣家用人を当綱がたしなめる。	
13	当主治憲帰国の際、諸士が補修した城下入口の大橋を下馬して徒歩で渡る。	
14	貧なる百姓の妻、御手伝ができず口惜しいとて布一反を織り献上、当主治憲これを仕立てて着用す。	
15	当主治憲長年の願望であった学館を建立、細井平洲『建学大意』を以て法式を定む。	安永5年4月17日学館落成、諸生ら20人を選出す。／同年9月興譲館の学制を制定。
16	興譲館（学館）の組織と書生二十人の座列。	
17	諸士のなかから十人を選び、郷中の教導役とす。十名、月に一度竹俣当綱宅で講釈を聞きつつ教導に励み、牢屋には罪人が一人もいなくなる。	明和9年9月24日郷村出役12名を任命す。／安永5年10～12月出役中竹俣宅で細井平洲の講釈を聴聞。
18	三の丸に武芸稽古所を立て、師範九十人を申し付ける。	安永4年10月二の丸長屋に武芸稽古所を設ける。

井平洲からこの書物を入手し筆写したという。* 筆写の時期は、有馬が鷹山ら諸大名の逸話群をまとめた『有馬先生荏土美耶計《えどみやげ》』を著した安永六年七月以前、同年夏頃と推定されるから、これはきわめて早い。

この点で興味深いのは、安永六年六月二十日、当時熊本藩の江戸藩邸にあった有馬のもとをさきに見た船頭中島屋専助が訪れた、という事実である。専助は大坂で知り合った熊本藩の大城文卿*の紹介をうけ、徳島藩士に会うために江戸に出た際に有馬を訪ねてきたのだ（『肥後遊草』奥書）。有馬は専助と面会した際、熊本藩の「明君」細川重賢《しげかた》を描いた専助の著述『肥後遊草』を受け取り筆写したというが、中島屋専助が『上杉政事聞書』を入手したのはこの時のことだったかもしれない。上杉鷹山や細川重賢らの「明君」に対する強い関心が彼らを結びつけたのである。だが、人見璣邑と異なり「市井」「民間」に出自する彼らはなぜ、鷹山と米沢藩の改革に注目したのだろうか。

君主への期待

船頭として商取引・運漕を生業とし、その関係で熊本などにたびたび赴いていた専助は、徳島（小松島浦）では、学問好きの孝行者として知られていた。* 学問の面で関わりが深かったのが、京・大坂である。その大坂で専助と交流した学者の一人に頼春水《らいしゅんすい》がいる。広島藩の儒官となり、朱子学正学化を推進して、寛政三博士の一人として知られる人だ。その春水は、熊本藩が藩士らの漢詩を集めて刊行した『楽泮集』の校訂を編者の藪孤山*から依頼され、家老の堀平太左

* 「右、有馬先生源内、平洲先生より得る所の書なり」（『上杉家覚書』奥書）。
* **大城文卿**　一七四一～一八一一。壺梁と号す。安永二年、詩文の才によって市井から熊本藩の儒臣に登用され、藩校時習館の授読から助教に進んだ。
* 『阿淡孝子伝』『日本詩選』。
* **藪孤山**　一七三五～一八〇二。明和三年（一七六六）から熊本藩校時習館教授として三〇年以上在職した。

衛門から丁重な礼状と紗綾地二巻を贈られたことがあった。このことについて春水は、「学問筋」（詩文）のはたらき・能力により大藩の厚遇を受けることは、恐悦至極かつ「本望」だとし、この話を「阿波の千助（＝専助）へ吹調仕《つかまつ》り候はば、立ち揚がりおどり申すべし」と記している。『上杉政事聞書』片手に米沢藩の「美談」を吹聴していたという専助と実によく符合する人物像である。

ここでより重要なことは、春水と専助がともに、学問的力量に基づいた相応の待遇を「本望」としていた、という点だ。君主（将軍・大名）の専制性が相当に大きかった当時、このような意識を持つ彼らにとって、学問を重んじて学者を尊重する「明君」の有無は、死活的に重要だったのではないか。このように見てくれれば、学問を重んじた「明君」としての上杉鷹山像の確立と浸透の一つの要因は、学問に力を注いで政治意識を高めた「民間」「市井」の人びとの政治的登用に対する願望、いわば身上がり願望にあったことが浮かび上がるのである。専助が自著『肥後遊草』で「肥後では学識の無い者を登用せず、無格微賤の者も挙用される」ことを指摘しているのも、その証拠になるといえそうだ。

「風俗」改革への関心

けれども一方で、人びとのこうしたいわば出世欲のみが鷹山を「明君」に押し上げたのかというと、必ずしもそうとばかりは言えない。はたして出世欲のみによって、聞く者に感涙を催させるほどの「聖賢の教」を説くことができるだろうか。この点、専助が、鷹山と並ぶ「明君」とされた熊本藩主細

＊　堀平太左衛門　一七一七〜一七九三。熊本藩家老。「明君」細川重賢と熊本藩宝暦改革を遂行した「賢宰」として知られる。

＊　以上、安永七年十月の頼春水書簡、頼祺一『近世後期朱子学派の研究』所収。

川重賢の治世を「士民を愛し、又倹約を行いて国中あまねく豊に潤い、民その教えを守り、御恩を感戴し、ことごとくその業に安んじ、素直なる風俗となれり」と描いていることは見落とせない（『肥後遊草』）。というのも、動揺を深めた地域社会の秩序立て直しは当時一般に、「風俗」（その時代の生活文化や行動様式）の問題と認識されていたからだ。* その基底には、どうしても金銭が必要で「たやすくハ暮しかたき世の中」になり、「世の中さわがしく」、「利欲を争い」、「喧嘩口論」や「公事沙汰」が頻発するという事態があった。* 武士・地域社会にとって「風俗」の改革が差し迫った課題として立ち現れていたのは米沢藩にとどまらなかったのである。この意味で、主従関係・領民との関係再建を焦点とする『上杉政事聞書』も、「明君」による「風俗」改革のさまを主題にした本だといえる。鷹山明君像は、農村をはじめとする社会秩序（「風俗」）の動揺に対して士民が抱いた危機感を一つの主要な契機として確立・浸透したのである。

　実は、こうした切実な問題関心を伴った『上杉政事聞書』＝『上杉家近来政事大略』は、専助の著『肥後遊草』とともに何者かによって「米沢侯賢行録」・「肥後侯賢行録」というタイトルで改訂されることになる。安永七年前後、これらを収集して『諸侯賢侯録』という書物にまとめたのが、岡山藩寛政改革を主導した湯浅新兵衛明善《あきよし》*である。安永八年には、湯浅の知人高松藩の処士（郷士）菊池助三郎（高洲）*がこれを増補改訂している。注目されるのは、湯浅明善や菊池助三郎がそれぞれ『備

＊ 本章第一節参照。

＊ 本章第二節参照。

＊ 湯浅新兵衛明善　一七四九～一七九九。寛政八年、町奉行兼寺社奉行に任じられ、岡山藩寛政改革を進めた。

＊ 菊池助三郎　一七四七～一八〇八。香川郡由佐村の人で高松藩士菊池徐風の養子となった人物、学問に通じた。

前孝子伝』『讃州孝子伝』という書物をも編集していることだ。彼らは、「孝」などの徳目によって人びとを「教化」することで、「風俗」改革を実現しようと図っていたのである。彼らによる鷹山への関心（明君録の編輯）は、「教化」による「風俗」改革への意思と不可分のものであった。

風俗教化のシンボル

こうした「明君」「教化」「風俗」への社会的関心の高まりに見事に対応した学説を提供した人物が細井平洲だ。例えば、安永五年（一七七六）二月に平洲は、秋田藩士・石井子文*に書簡を送り、次のように伝えている。「米沢の学政は、ますます発展しています。藩主鷹山の仁徳は領内に行き渡り、いい尽くせないほどです。今春から学館を建設する予定で、その学規について相談のため、神保綱忠が江戸に来ています。……仁政が行き届いて、教化に力を入れる段階に至り、学館が建つことは本望の至りです。江戸の評判では、紀公・米沢侯・熊本侯を天下の三賢君と称しています」と。*この書簡は、米沢藩の「学政」の推移を報じたものだが、藩

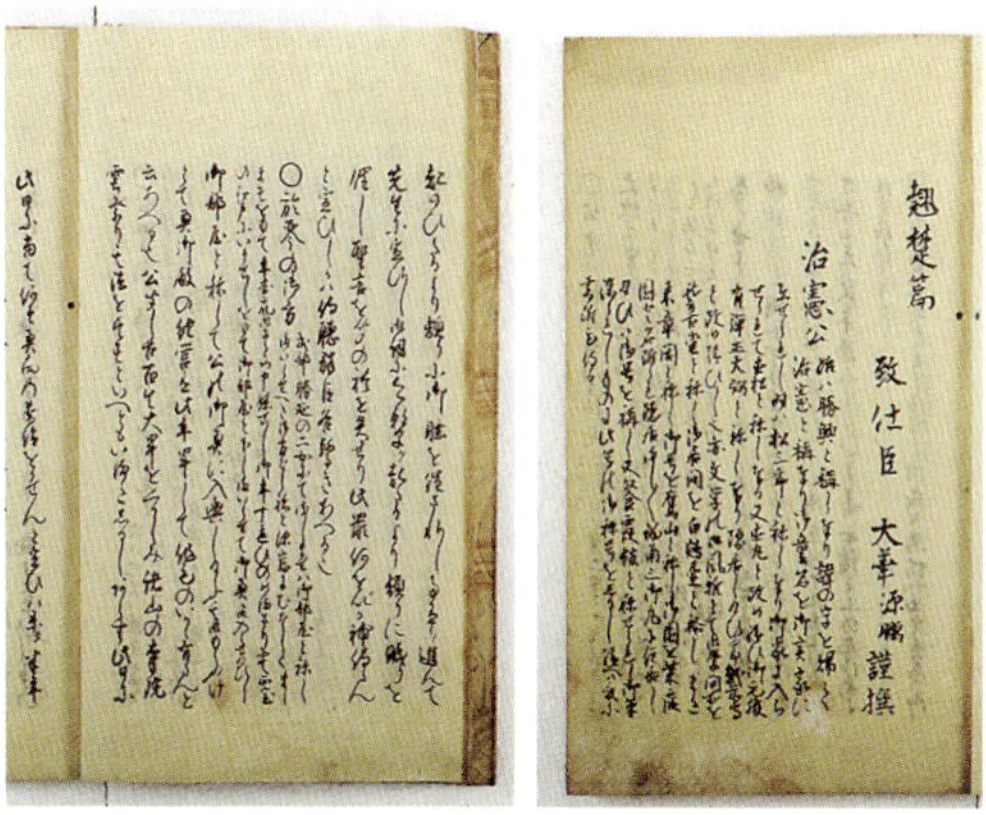

『翹楚篇』写本　上杉博物館蔵

＊石井子文　一七四九～一八二三。秋田藩角館の士。のち諸橋氏。明和末年に江戸で平洲家塾嚶鳴館に入塾。評定奉行・郡奉行・町奉行などをつとめ、役支配の重職を担った。

＊小野重仔『嚶鳴館遺稿注釈』諸藩編（東海市教育委員会、二〇〇五年）

主（鷹山）の「仁徳」が単なる「仁政」の実現につながるというだけでなく、「学政」の発展（学館建設）→領内の「教化」が重要な課題として論じられている。平洲や石井子文は、各地で課題となっていた社会秩序再構築の方策として、「学政」・士民の「教化」に大きな可能性を見出し、理想的な実例として鷹山と米沢藩の改革に注目しているのである。

こうして、平洲門下にネットワーク的に連なった人びとが、同様の問題意識を共有していたことをよく示しているのが、天明六年（一七八六）の湯浅明善宛細井平洲書簡である。* 平洲によれば、岡山藩・人吉藩・高松藩・尾張藩・白河藩・会津藩・仙台藩などで、教化・教育を焦点とする「美政」が行われつつあるという。これらの情報は、人吉藩主相良《さがら》長寛《ながひろ》、同藩士東善次郎・田代忠左衛門、高松藩主松平讃岐守頼起《よりおき》、高松藩処士菊池助三郎（高洲）、会津藩主松平容頌《かたのぶ》、同藩「仰講学士」（古屋昔陽）、「仙台門人」ら、自ら精力的な教化活動を実践していた人びとによってもたらされていた。東善次郎や仙台藩士玉蟲《たまむし》十蔵《じゅうぞう》らによる町村での講釈・講話の実施、湯浅明善や菊池助三郎による『備前《びぜん》孝子伝』『讃州《さんしゅう》孝子伝』の編集などはその顕著なものである。彼らは、「教ゆると申す事は政の最第一」、（「孝」などの徳目を大名同様に）「女子小人まで耳近く教諭する覚悟」とする平洲の思想を共有して政治改革に取り組んでいたのである。このような教化の根源に措定されていたのが学問（儒学）であり、政治において最も肝要なのは教化・教育だとする彼らにとって、藩の

* 『東海市史』資料編第三巻所収。

究極的な政治主体である藩主は、学問に深い理解を示し、人びとを感化するような存在でなければならなかったのだ。

かくて鷹山は、政治改革、とりわけ「学政」の発展→士民の「教化」を自己の課題とする諸藩士らを中心に、処士（浪人）や民間の船頭らを巻き込みながら、学問に基づいた政治改革―風俗教化のシンボルと見なされたといえよう。

『翹楚篇』の影響力

こうして米沢藩の改革は、士民の「風俗」改革＝「教化」の理想例とされ、鷹山はそのシンボルともいうべき存在とされた。そうした中、莅戸善政が次期藩主らの教育のために著した鷹山の言行録＝『翹楚篇《ぎようそへん》』（寛政元年）は、教化政策にとどまらない改革の全体像と鷹山の人柄を広く伝えることになった。側近としての経験に基づいて、天明年間までの鷹山の事跡――倹約や孝行といった普段の行いから改革政策に至る――を五五箇条にわたって活写したその内容が、次期藩主らの教育という莅戸の想定を超えて、人びとに広く享受されていくことになったのである。幕臣で代官・勘定奉行などを務めた岡本花亭*と水戸藩の藤田東湖との間で、「足下、故上杉侯の賢をしるや。彪曰、翹楚篇、又ハ近来尾藩の細井藤介上木せる嚶鳴館遺（平洲遺著）事（草カ）にて粗是を知れり」との遣り取りがなされているように、鷹山の事跡を知るための基本書と見なされるようになったのだ。出版されたわけではなく、筆写本としてのみ伝播したにもかかわらず、現在でも史料収蔵機関などに一三〇点以上もの写本が残されていることは、『翹楚篇』がいかに広く読まれていたか

＊　一七六七～一八五〇。

をよく示している。

こうして受容された『翹楚篇』は、「上杉侯の賢」を示す書物として、上杉鷹山と米沢藩の改革を全国的な政治論の基準に押し上げていくことになる。「翹楚篇を得、是を読むに、実に感ずべきこと多し」と記した水戸藩の学者小宮山楓軒《こみやまふうけん》の孫・小宮山南梁《なんりょう》が、「今ノ政ヲ言ヘバ、首《はじ》メニ米沢ヲ推ス」と記す通りである（安政三年）。「鷹山公……振起祖業、皆以倹素立国、流風善政、奉守府敢失、……至其政績、府朝賞之、輿人誦之」*というような評価が学界の常識となったのである。

読みかえられる鷹山明君像

他方で、幕末期にかけての鷹山明君像の展開に関して見落とせないのは、北方からのロシアの脅威を契機とする米沢藩見聞録の成立だ。「天保庚子《こうし》の春、江戸に従駕《じゅうが》し、旨を得て、牟田口《むたぐち》士寛と東北諸藩を遊歴」した佐賀藩士永山貞武（徳夫）らの『庚子遊草』（天保十一年）は、佐賀藩主鍋島直正が蝦夷地《えぞち》開拓の必要性を痛感し下調査に派遣した時の記録とされ、久留米藩士村上量《かず》弘《ひろ》も、水戸藩士会沢正志斎《あいざわせいしさい》から夷蛮戎狄《いばんじゅうてき》を意識して風俗・人情・君相・政蹟を見聞すべきとの言葉を贈られて『米沢会津見聞録』を著した。同藩士柴山典の『見聞漫録米沢』も『同蝦夷』と対のものとして書かれており、*鹿児島藩の下級士族出身で蝦夷地問題に一生を捧げた肝付兼武《きもつきかねたけ》が著した『東北風談』も米沢藩を取り上げている。

これらの見聞録は、いずれも上杉鷹山＝明君という見方を前提とし、それが「鷹

---

* 安井息軒『読書余適』天保十三年。

* 以上の人物がいずれも何らかの形で水戸藩（士）と接点を持っていたことも見落とせない点である。

山公ノ遺徳」「流風善政」として後世（一九世紀半ば頃）まで影響を及ぼしているとする点にその特徴がある。見聞録の筆者たちは「鷹山公ノ遺徳」が、米沢藩領士民の「敦朴」ですぐれた「風俗」の起源だと見るのである。また、「物産」や「耕種」を重視し、藩士が農商的営為を行っていることも含めて、士民が生業に励んでいることも指摘し、それを「兵農合一」などと表現する。そして、これらの結果として米沢藩は「富強ノ国」を実現しているということを彼らは強調するのである。

こうしてもともと、「富国安民」を理念として行われた米沢藩政改革は、幕末期にかけて、産業振興や生業精勤の「風俗」が強調され、「富強」＝「富国強兵」という観点から評価されるようになっていった。「明君」鷹山は（道徳教化や学問尊重の象徴というばかりでなく）「富国強兵」の起点として読みかえられていくことになったのである。

上杉鷹山と以後の日本社会

以上に見てきたように、鷹山明君像は、「風俗」と「教化」、「富国安民」・「富強」という課題意識が込められて人びとを惹きつけてきた。なぜ、江戸時代の一大名に過ぎない上杉鷹山が、現在にいたるまで多くの人びとの関心の対象となってきたのだろうか。

その理由の一つは、鷹山明君像に込められた右のような理念が、一九世紀以降の日本社会が一貫して追求してきたもの、すなわち「富国」をいかにして実現するかという課題と重なるように見えたからではなかったか。「富国安民」が求められた

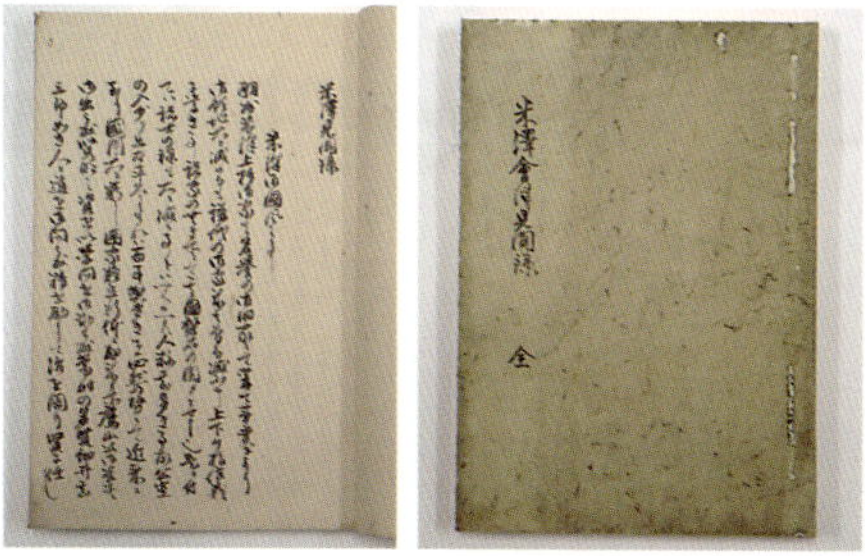

『米澤会津見聞録』著者架蔵

江戸時代の中後期（鷹山はそれを実現したと見なされ高く評価された）との対比で言えば、明治期以後は富国強兵が目指され、大きく見ればそれは侵略戦争につながっていった。その悲惨を経験した戦後日本で追求されたのが、経済成長と平和主義だったといえよう。そして今また、「「富国強兵」型構造改革」とも呼ばれる動きが急になっている。こうして、「富国」を基準とした政治・経済論の始点に位置する上杉鷹山と米沢藩政改革は、そうした政治・経済論と重なり合う――多くの人びとの切実な思索の対象となりうる――理念を伴う存在であったように思われるのである。

こうして見れば、「富国安民」論的「風俗」改革と呼ぶことのできる米沢藩政改革は、現在にあっても、経済と労働・生活（「富国」と「風俗」）、平和と軍事（「安民」と「強兵」）などの諸課題を歴史的に考え直すきっかけを与えるものであるといえよう。時代の大きな転換期にあってどのような政治・社会を目指すのか――いわばいかなる「風俗」を目指すべきか――が問われているいまこそ、上杉鷹山とその改革をその正負ともども冷静に見つめ直す時である。

コラム

仁政徳治と法治主義

「亜細亜《あじあ》諸国に於ては国君のことを民の父母と云ひ、……民を撫《ぶ》するに博愛を主とし、……扶助救育して衣食住の安楽を得せしめ、……よく事実を考れば、政府と人民とはもと骨肉の縁あるに非《あら》ず、……他人と他人の附合《つきあい》には情実を用ゆべからず、必ず規則約束なる者を作り、……此乃《これすなわ》ち国法の起りし由縁なり。……小刀細工の仁政を用ひ……尚も太平を謡はんとするか」。引用がやや長くなったが、『学問のすすめ』十一編に見える福沢諭吉の言葉である。前近代の君主政治に対して、近代における法治主義の理念を明快に説明した言葉として知られる一節だ。福沢がいうように、法治・立憲主義を政治規範とする近代国家に対して、江戸時代は「民の父母」の「徳」による「仁政」を建て前とした時代だった（徳治主義）。近代の政治が「国法」（憲法を頂点とする法体系）に則って行われるべきものだとすれば、江戸時代には君主の「徳」（「博愛」や「智仁勇」）が政治の起点と考えられていたのである（「仁政」「徳治」）。

「仁政」は、制度的保障の無い〝人治〟（専制政治）でもあり、現実には容易に苛政・圧政（暗君・暴君）を生み出しうるものだった。だがそうであるからこそ、江戸時代の社会は、「仁政」「徳治」（それによる「安民」）の理念を、庶民にまで広く共有される政治規範に押し上げる方向に力を発揮した。さまざまな政治的・社会的あるいは学問的葛藤を通じて、「仁政」「徳治」の理念は為政者が容易に無視しえない政治規範として浸透・定着していったのである。

鷹山はこうした「仁政」「徳治」という政治規範を実現すべき立場に立った。というのも、大名が治めた藩は、領地・領民、法体系や統治機構を持った国家としての性格を有しており、大名はそうした藩国家の君主・主権者だったからだ。「忘るまじきは民の父母」などの言葉は、藩国家の君主・主権者としての鷹山の自覚をよく表すものといえよう。その一方で、近代法治主義・立憲主義を論じた冒頭の福沢の言葉に照らすと、「民の父母」を自認して、「愛」という「情実」に基づいて「仁政」を求めた鷹山の政治は、いかにも古びた前近代的なもの、ということにもなろう。

だが、重要なことは、多くの矛盾や限界を孕《はら》みながらも、鷹山が当時の政治規範・理念を立て直し実現することを自己の切実な課題とし、そのための努力を怠らなかった（少なくともそのように見なされる政治を行った）ということだ。貨幣経済の進展や藩財政の逼迫を背景に、江戸時代の社会がそれまで培ってきた規範や秩序を突き崩す動きが顕在化する中で、鷹山は「仁政」「徳治」や「安民」といった規範・理念を時代に合わせて立て直すことを追求したのだ。

こう見てくると、政治制度が国民主権・法治主義に変わった現代にあっても、国家の主権者（国民）が当代の政治規範・理念をいかに守り実現していくかということは課題であり続けている、ということに気づく。鷹山が向き合った課題は、戦後培われてきた規範や理念が揺らぐ中で、立憲主義や平和主義をいかに定着・深化させていくかという現在的課題に、本質的に通じているとも言えるのである。私たちが上杉鷹山という歴史人物について思いをめぐらせる時、今日的な企業家精神や組織のガバナンスに学ぶというばかりでなく、より根底的な政治姿勢や思想の面で鷹山をどう評価するかという点に目を向けることが、いま強く求められているのではないだろうか。

III

米沢を歩く

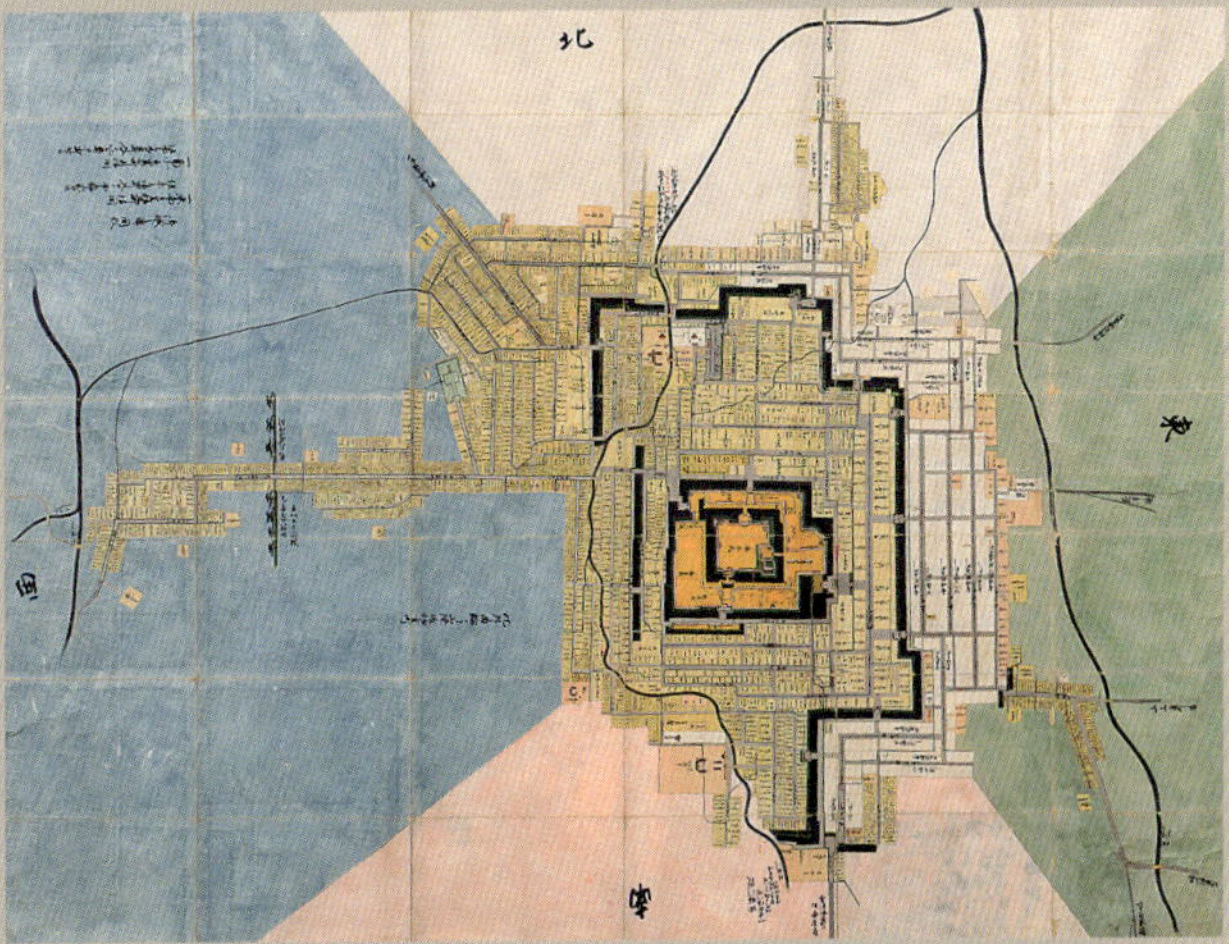

明和６年米沢城下絵図　米沢図書館蔵

明治二十五年（一八九二）八月、西郷隆盛の実弟従道《つぐみち》は、東北地方の巡歴に赴いた。

盛岡から青森に出て、海路北海道に渡り、転じて秋田、山形、米沢とたどるルートである。この巡歴には、同年六月に西郷と品川弥二郎らが結成した政党・国民協会の党勢拡張や、品川らが研究していた「信用組合」設立の機運を盛り上げる意味もあったといわれている。その一方で、実はこの巡歴が上杉鷹山に関する一つの書物誕生のきっかけとなったことは、あまり知られていない。西郷一行が九月下旬に訪れた米沢（置賜《おきたま》地方）の地が、随行していた朝野《ちょうや》新聞主筆・川村惇《じゅん》に深い感慨を催させたのである。川村はこれを契機に、一八九三年三月二三日から六月二日まで「米澤鷹山公」と題した連載記事を『朝野新聞』に掲載し、その後まもなく、同年十月には、これをまとめ、品川弥二郎が序文を執筆した『米澤鷹山公』が刊行されるに至ったのである。『米澤鷹山公』は、これまであまり注目されることのなかった書物だが、その後の鷹山像を考える上で決して小さくない意味を持つ書物だ。というのも、上杉鷹山に関して言えば、J・F・ケネディが読んだともいわれ、歴史小説家である童門冬二氏の著述執筆の動機ともなったことで有名な、内村鑑三『代表的日本人』が全面的に依拠した（ネタ本となった）ことが知られているからである。

では川村は米沢の地に何を見出したのか。川村らの前にあったのは、製糸業をはじめとする地域の産業の隆盛であった。川村によれば、当時の米沢では、田園はよく整備されて耕作が行き届き、蚕桑製糸業が大変盛んに行われており、明治維新を経て社会が大きく変貌したにもかかわらず、米沢では鷹山の治績がいまなお地域の産業の基礎であり続けているというのだ。さらに川村は米沢の印象を次のようにも述べている。すなわち、「足一たび米沢の地を踏み、上杉鷹山の治蹟今猶《な》ほ民心を感化するの深きを観るに及んで、想古の情更に益々切なり」と。川村は、鷹山の治績が明治期の産業の基礎となっているというばかりでなく、むしろ、それが民心を深く感化し続けている（と見えた）ところに、感銘を受けたのである。実は、このように鷹山の治績が地域の産業と民心に大きな影響を与え続けているとする見方は、幕末期から明治期にかけてかなり広く見られるものだった。例えば、幕末期に薩摩藩の肝付兼武《きもつきかねたけ》が奥羽等を視察した際に著した『東北風談』は、米沢藩について「闔国《こうこく》の富、東奥・北越の間に冠たり。……風俗敦朴《じゅんぼく》、狡猾《こうかつ》の風無し。……嗚呼《ああ》、上杉氏は実に天下の富強の国というべし」(『東北風談』)と述べている。奥羽越の諸藩に冠たる「富強の国」であると同時に、「風俗」もまた淳朴であると高く評価しているのだ。

幕末から明治期にかけては、産業興隆による「富国」と望ましい「風俗」(民心の感化)を同時に実現したという意味で、他地域には類を見ない地＝米沢という認識が形成されていたのである。このような地域に対する認識(いわば地域意識)については、近年の研究で、商品生産の発展も背景に、その基礎となるような民間の地誌が各地で数多く作られたことや城下町など地域間の序列意識まで形成されていたことが明らかにされてきている。米沢をめぐる右の言説からは、こうした地域意識の形成に、藩政改革で実施された諸政策、とりわけ「風俗」の改革—民心の感化(教化)が大きなウェートを占めていたことも浮かび上がってくる。

「寛政以来、御治声高く、諸藩より来て法を取る者多し」(『鷹山公遺蹟録』三二二頁)といわれる米沢藩領への関心は、明治時代に入っても衰えることがなかった。こうして長きにわたり多くの人びとが歩いた米沢の地には、現在も「明君」鷹山を偲《しの》ばせる史跡が数多くある。藩政改革期の鷹山らの言行や改革政策にも触れながら、以下にその一端を紹介しよう。

米沢城跡

米沢市丸の内一—四—一三
ＪＲ米沢駅よりバス一〇分

「私は、小家より大家の譲りを受けることになったが、このまま上杉家の亡びるのを待ち、国中の人民を苦しめるよりは、君臣力を尽くして大倹約を行うべきだと思い立った」。上杉家を継いで間もない明和四年九月十八日、鷹山が出した「御倹約の大旨」の一節である。寛政九年

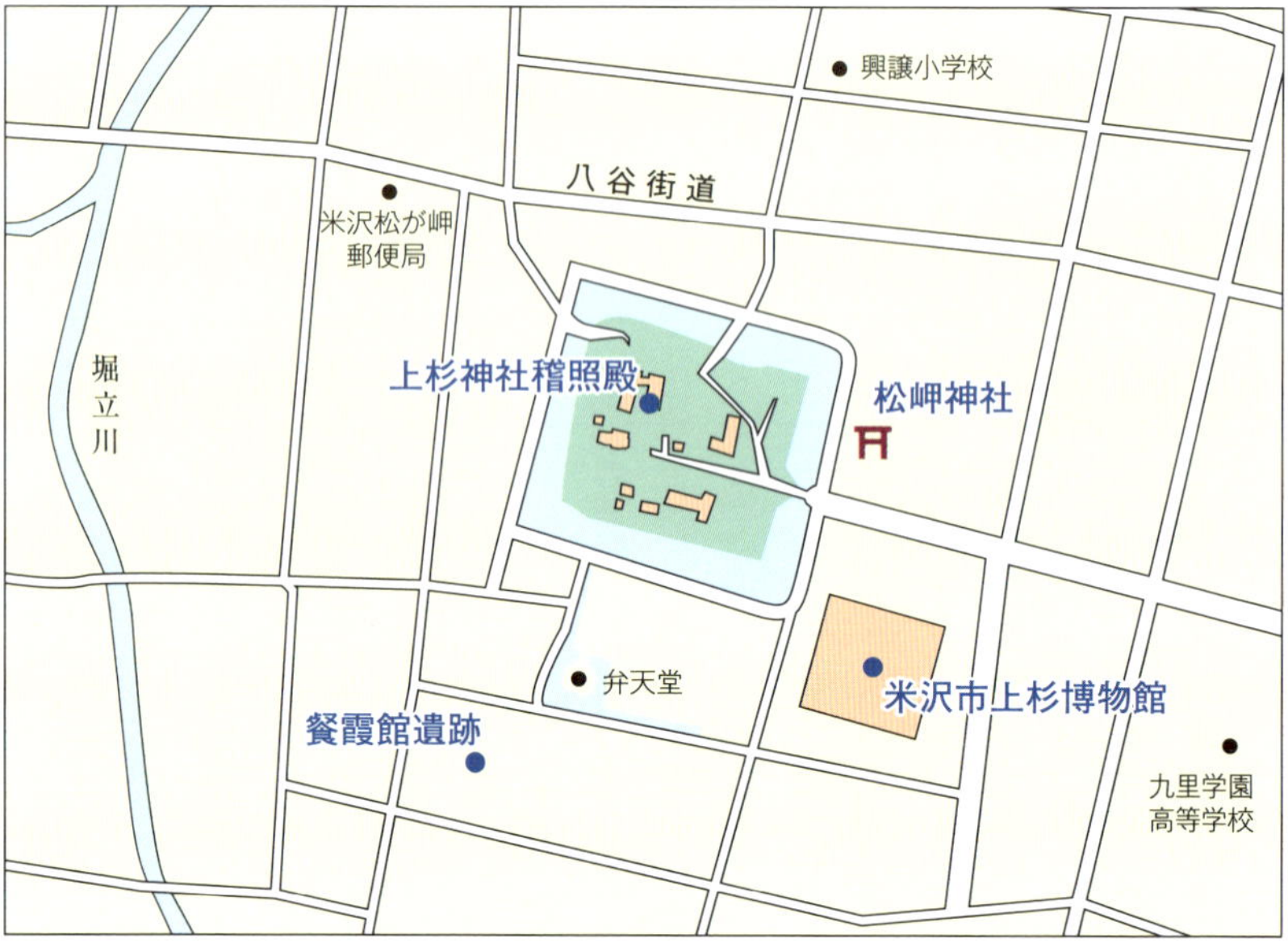

米沢城跡周辺地図

頃の「思召」にも「僕は、小藩の庶子だったのが、図らずもかくも重き御家を相続することとなり、……」という言葉がある。鷹山は、米沢藩主となって以来、生涯を通して、高鍋藩三万石の「小家」から米沢藩一五万石の「重き御家」に養子入りしたことを強く意識していた。それだけに、上杉家を瑕疵《かし》なく引き継いでいくことは、鷹山にとって宿願ともいうべきものだった。「一国一郡の主」の孝行の第一は「受け継いだ家を大切に取り治めることで、そのためには「我私の為に取乱さぬ様に心を用ひ」ることが肝要だ（天明三年八月『孝学本末之大意』）、「国家は先祖より子孫へ伝へ候国家にして、我私すべき物には無之候」（「伝国の辞」）などの言葉は、上杉の御家に対する鷹山の強烈な意識をよく表現している。鷹山にとって、「現在でも天下格段のお家柄と称されている」上杉家の継承はどれほど重いものであったろうか。

江戸時代、上杉氏が代々居城とした米沢城跡とその近辺には、上杉家に関する史跡・施設が数多く所在しており、鷹山が背負った上杉家の歴史を肌で感じることができる。米沢城は暦仁元年（一二三八）大江時広が初めて築城したとされるが、その後伊達氏の支配となり、晴宗・

米沢城跡（堀）　米沢市提供

輝宗・政宗の時には伊達氏の本城となった。豊臣秀吉により伊達氏が岩出山に移され、米沢には蒲生氏郷《がもううじさと》配下の郷安《さとやす》が入ることになったが、米沢城を松が岬《さき》城と命名したのはこの蒲生郷安である。八年足らずの蒲生氏支配の後、慶長三年（一五九八）、上杉景勝《かげかつ》が会津一二〇万石に移された時、米沢城主には重臣直江兼続《なおえかねつぐ》が配された。関ヶ原の戦いをうけて同六年、上杉景勝は三〇万石に減封されて会津から米沢に移る。これによって米沢城は、明治二年（一八六九）の版籍奉還まで二七二年にわたる米沢藩上杉氏の居城となったのである。明治六年（一八七三）に米沢城は解体され、翌年には松岬《まつがさき》公園として一般に開放されて現在に至っている。

江戸時代の米沢城は、本丸に藩主御殿・御堂や蔵、二の丸に世子御殿や役所・城代屋敷、真言宗寺院十数ヵ寺が置かれていた。現在、この米沢城跡には、祠堂《しどう》（御堂）跡・上杉神社・稽照殿《けいしょうでん》（本丸跡）、松岬神社・米沢市上杉博物館（二の丸跡）、餐霞館《さんかかん》遺跡（三の丸跡）などがある。項を改めて紹介しよう。

祠堂（御堂）跡

米沢城本丸の一角に、上杉謙信祠堂（御堂《みどう》）跡の碑がある。御堂というのは、謙信の遺骸を安置した霊屋のことである。上杉景勝が米沢に移ってから、本丸の東南（巽《たつみ》）隅に石垣を施した高台を築いて建てられたもので、上杉家では江戸時代を通して、能化衆十一ヵ寺・御堂衆九ヵ寺の真言宗寺院に勤仕させるという、他に例を見ない祭祀を行っていた。御堂は、至高の聖域とされて、上杉家の象徴・精神的支柱であり続けたのである。

鷹山が天明飢饉の際、豊熟祈願の断食参籠をしたのもこの御堂でのことだ。前年の飢饉に引き続き、長雨が続いて作物の生育が危ぶまれた天明四年の夏、人民の安危

祠堂（御堂）跡　米沢市提供

上杉神社社殿　米沢市提供

を憂慮した鷹山は、諸寺院に五穀成就の祈祷を命じた。それでもなお憂いを深めた鷹山は、自身二夜三日にわたって御堂に籠もり、断食して祈祷を執行し、天候の回復を祈ったのである（『翹楚篇』）。鷹山の民を思う心をよく表現した行動として知られる逸話だが、その場所が御堂だったことは、至聖の秘廟とされたとはいえ、御堂が上杉家の信仰の中核にあったからに他ならない。御堂跡は鷹山の上杉家に対する思いをも伝える場所なのである。

上杉神社・稽照殿

明治時代になると、この特色ある御堂の祭祀も時勢につき動かされて仏式から神式に改められることになる。明治四年（一八七一）のことである。この年には米沢士族代表者らから神祇省《じんぎしょう》に対して、謙信・鷹山への神号宣下《せんげ》・勅祭の請願も行われている。これは一旦却下されたが、翌年九月には神号選定の上、置賜《おきたま》県参事から教部省《きょうぶしょう》に上杉神社の神号伺いが提出され、十月に認可されて置賜県社に指定された。本丸跡に社殿が新築されることとなり、本殿が完成した同九年、鷹山は上杉神社に合祀されたのである。その後、明治三十五年（一九〇二）、上杉神社は国に尽力した人物を祀る別格官幣社に指定されたが、この時、鷹山は摂社に分祀することとされ、祭神は謙信のみとなり現在に至っている。なお、神社創建時の社殿は、大正八年（一九一九）の米沢大火で焼失し、現在の社殿は、米沢出身の神社建築家・伊東《いとう》忠太《ちゅうた》によって設計され、大正十二年（一九二三）に建てられたものである。

上杉神社の宝物殿である稽照殿は、大正十二年に開館したもので、謙信の遺品を中心に、景勝・直江兼続・鷹山らの遺品など、平安から江戸に至る刀剣・甲冑《かっちゅう》・絵画・陶磁器など、一〇〇〇点余を収蔵している。襲封時に詠んだ「受次て国のつかさの身となれば忘るまじきは民之父母」の墨書和歌、隠居時の「伝国の辞」、細井平洲との交流の様をうかがうことができる書簡など、稽照殿には鷹山を偲ばせる遺品も数多く収蔵されている。

松岬神社　米沢市提供

松岬神社

明治三十五年（一九〇二）、上杉神社が別格官幣社となった際、同社から鷹山が分祀されてできた神社である。敷地はもともと上杉景勝御殿、のち世子御殿があった場所である。大正元年（一九一二）、新殿が造営され、県社に列し、神饌幣帛料《しんせんへいはくりょう》供進神社に指定された。同八年、郷社春日神社を合祀し、同十二年に上杉景勝を合祀した。昭和十三年（一九三八）には、米沢市市制施行五〇年を記念し、直江兼続・細井平洲・竹俣当綱・莅戸善政が合祀された。

餐霞館遺跡

享和四年（文化元年、一八〇四）四月二十七日、当時、郷村出役として北条郷（現南陽市域等）を管轄していた北村孫四郎は、任地から一旦米沢城下に戻り、藩士たちとの寄合に出席した。北村はその日の日記に、「寄合の席にて餐霞館老君の奉行衆への御達文拝吟スル」と記している。当時、鷹山が藩士らの間で「餐霞館老君」と呼ばれていたことが分かる。「餐霞館」は、三の丸に建て

餐霞館遺跡碑　米沢市提供

られた鷹山の隠居所の名称だ。鷹山は、側室お豊の方・長男顕孝とともに天明五年九月に移り住んでから没するまでそこで生活を送った。北村の日記からは、その餐霞館（鷹山）からの達しが寄合の席での「拝吟」という形で藩士らに共有されていったことも知られる。鷹山が餐霞館で三八年間にわたって行った、上杉治広・斉定への藩政指導の一端を垣間見ることができる。

三〇〇〇坪におよぶ敷地に建てられた餐霞館は、上段・二の間・寝間・書斎や奥方の部屋など四〇余りの部屋がある平屋の建物だった。鷹山死去後は、支侯御殿（米沢新田藩主居宅）に戻り明治維新に至った。餐霞館は、城の南に位置したことから「南亭」とも呼ばれ、隠居所の名を冠した明君録に『餐霞館遺事』『南亭余韻』がある。

明治以後、一部が公園となっていた餐霞館跡地には、昭和四十五年（一九七〇）の鷹山公初入部二〇〇年記念遺跡顕彰碑事業で「鷹山公顕彰碑」が建立され、庭園が整備されている。なお、餐霞館遺跡の北側には、大正時代に建てられた上杉伯爵邸＝上杉記念館がある。

上杉家廟所（御廟所）

明治六年の米沢城解体に際して、御堂に祀られていた謙信の遺骸は上杉家廟所《びょうしょ》（御廟所）に移された。米沢城の西方にある御廟所は、もともと謙信祠堂の火災避難所に定められていた土地だ。上杉景勝が没した元和九年（一六二三）、そこに東西一〇九メートル、南北一八一メートルの墓域を定めて位牌を祀って以来、藩主墓所とされ、「御霊屋《みたまや》」とも呼ばれる。現在、御廟所には、埋葬された歴代藩主の墓石（五輪塔）が、廟屋に覆われて並び立つ。

鷹山の廟は向かって左側、八代藩主宗房と十二代斉定の間にあるが、鷹山廟の隣の一段下がったところにひときわ小さな廟屋がある。寛政六年（一七九四）正月に天《てん》然痘《ねんとう》で死去した鷹山の第一子・顕孝《あきたか》の廟である。世子とは言え、藩主就任前に没した顕孝が御廟所に葬られたことは特例的なものだったが、顕孝はその葬法という点でも従前の藩主とは、異なっていた。それまでの藩主の葬礼は、火葬とするのが通例だったのに対し、顕孝からは土葬に改められたのである。これは鷹山の養父重定も同じで、遺体の姿も剃髪僧服から官位冠服に改められた。こうした変化は、領内にも触書が出された葬祭簡素化の模範を示すものであるとも、遺体を焼くに忍びないという鷹山の強い意向によるものともいわれる。置賜地方では、この時期以後、昭和三十年頃まで民間でも土葬が一般化したという興味深い事実も知られる。なお、廟屋の造りも、九代藩主重定の廟屋以降、入母屋《いりもや》造りから宝形《ほうぎょう》造りに変更され、以後踏襲された。

上杉家廟所　米沢市提供

　歴代藩主とともに鷹山が眠る御廟所は、近世大名家墓所の代表例として、国の重要史跡に指定されている。

米沢市上杉博物館

昭和五年（一九三〇）、南置賜郡役所内に米沢郷土館として発足し、戦後昭和二十七年（一九五二）に米沢郷土博物館、昭和四十二年（一九六七）に米沢市立上杉博物館と改称して博物館相当施設として登録された。平成十三年（二〇〇一）、博物館・文化施設「伝国の杜」として、県立の置賜文化ホールと合築され、米沢市上杉博物館として現在地にオープンした。上杉博物館には、常設展や鷹山シアターで鷹山と藩政改革について理解することができるほか、「上杉鷹山―改革への道―」（二〇〇四年）、「上杉鷹山の財政改革〜国と民のしあわせ〜」（二〇一二年）など、鷹山をテーマにした特別展も開催されてきており、従来紹介されてこなかった興味深い史料を目にすることができる機会を提供している。また、同館には、国宝上杉本洛中《らくちゅう》洛外《らくがい》図《ず》屏《びょう》風《ぶ》・上杉家文書が収蔵されているが、二〇〇一年に国宝に指定された上杉家文書には、これまであまり注目されてこなかった鷹山直筆の書簡や書付も多く含まれ、これらの史料は紙焼き本で閲覧することもできる。常設展示の一角にある上杉文華館には、鷹山直筆の史料が随時展示されているので、同館ＨＰなどで確認されたい。

米沢市上杉博物館（伝国の杜）　米沢市提供

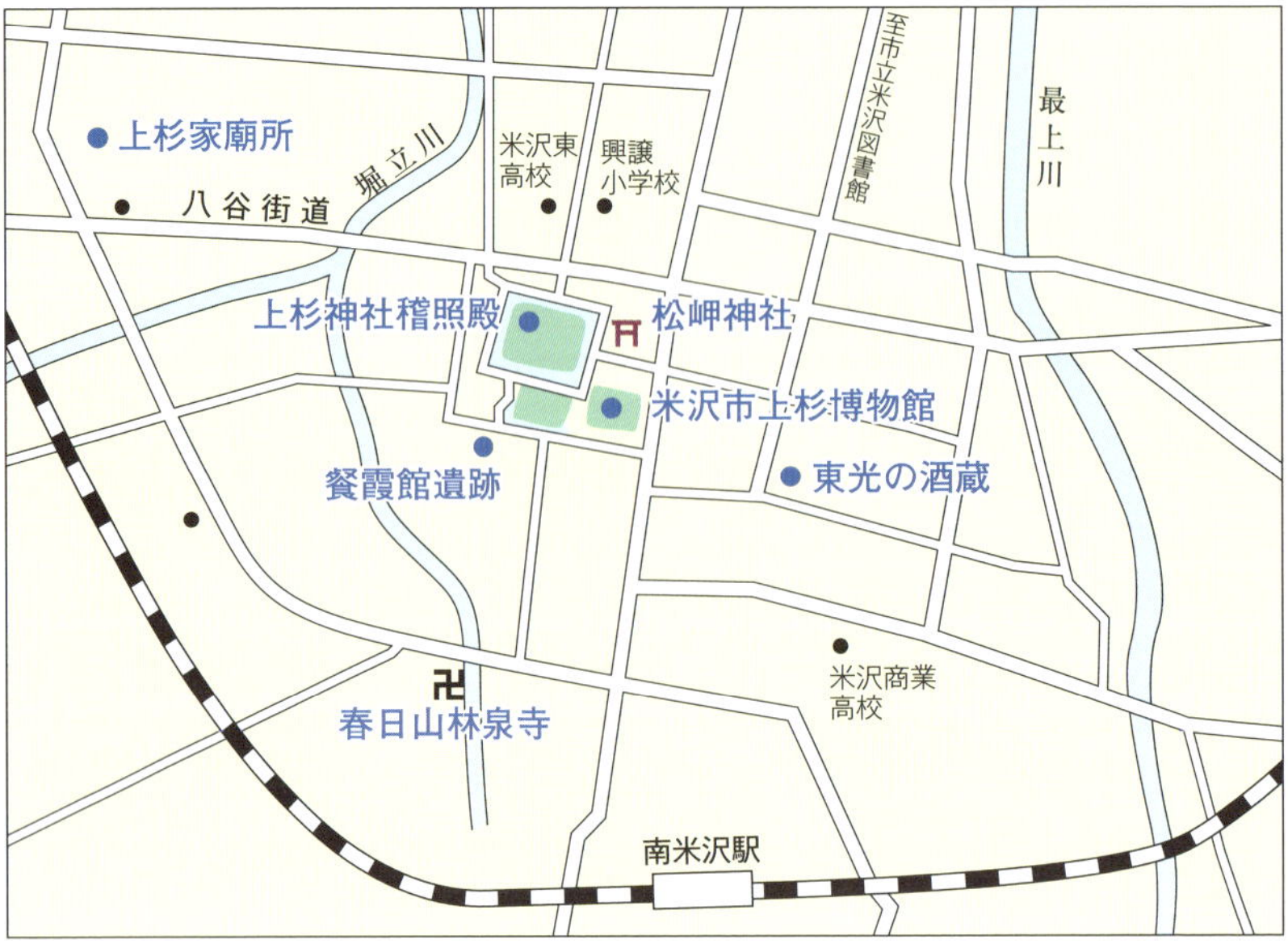

米沢市内地図

市立米沢図書館

米沢市金池三―一―一四　置賜総合文化センター

安永五年（一七七六）の米沢藩校興譲館《こうじょうかん》の開設についていて、『上杉家近来政事大略（上杉政事聞書）』という書物は、「当主（＝鷹山）、多年の願望にて、今年初めて学館を建立」と記している。鷹山が長年にわたって藩校設置を望んでいたのは、事実だったであろう。その時の親書で鷹山は、藩校開設を「先聖王、経国大業の美事」と表現してその喜びを示しているのである。

米沢市外周辺地図

鷹山の「願望」が込められた藩校興譲館には、その後、多くの書籍が収められていった。開設以来形づくられた藩校蔵書は、明治七年（一八七四）に旧米沢藩士協立の「私立米沢中学校」に引き継がれることになる。その後、明治三十三年（一九〇〇）、学校が山形県に移管されると、蔵書については興譲館財団が組織され、図書館事業の準備が行われた。こうして明治四十二年（一九〇九）十月、財団法人米沢図書館が開館を迎える。その基本蔵書が、「興譲館本」として現在まで引き継がれている旧藩校蔵書だったことはいうまでもない。そして、その中には、「鷹山公御手沢本」と呼ばれる、鷹山自身の愛読書二八六点も含まれていた。鷹山の旧蔵書に押された「稽古堂蔵書」の印は、米沢城内の鷹山の書斎を「稽古堂」といったことにちなむものだ。米沢図書館には、直江兼続が京都五山の僧との交流で得た和漢書「米澤善本」（二一三八点）も含まれていた。その後、米沢図書館では、芦川良輔館長時代（一九三〇～三五）、『仙台叢書』（大正一五年）などの影響下に、叢書編集を目指した古記録・古文書の筆写事業が行われ、刊行には至らなかったものの、「鶴城叢書」として二二一冊が製本された。また、開館以降、図書館で収集した米沢に関する書籍・古文書は、地域資料（旧郷土図書）として現在まで保管されている。

　昭和十三年（一九三八）、市制実施五〇年記念事業の一つとして、図書館は米沢市に移管されることとなり、市立米沢図書館が誕生した。現在も「市立米沢図書館」と称されているのは、著名だった「米沢図書館」時代の名を尊重してのことという。

　現在の図書館には、これらの他、「林泉《りんせん》文庫」や「寄贈・寄託文書」も収蔵されている。「林泉文庫」（一三三二点）は、米沢図書館の二代館長をつとめた郷土史家・伊佐早《いさはや》謙《けん》（一八五七～一九三〇）が収集した蔵書群で、文庫名は林泉寺町の伊佐早氏自宅書庫の呼称に由来する。昭和五年（一九三〇）、遺言によりその旧蔵書は上杉家に納められたが、同二十九年、上杉家から「上杉文書」等とともに図書館に寄贈され（「上杉文書」は平成十一年に博物館に移管）、現在に至っている。主に米沢藩家臣の家に伝来した寄贈・寄託文書の中には、竹俣《たけのまた》家文書・藁《わら》科《しな》家文書・木村家文書など、鷹山を支え藩政改革の中心となった家臣に関する文書群が含まれている。

　現在、「市立米沢図書館デジタルライブラリー」の整備により、インターネットで多くの史料のデジタル画像を閲覧することができるようになった。鷹山が手にした『産語』の刊本や竹俣当綱《たけのまたまさつな》・莅戸善政《のぞきよしまさ》の著述をはじめ、藩政改革に関わる多くの貴重な書物の画像を閲覧することができる。なお、図書館は、現在地から、米沢市中央に建設される文化複合施設への移転が予定されている。

藉田《せきでん》遺跡

米沢市遠山町一二八一

「君こゝに鍬とり初《そ》めて国も富み民やすかれとおしへ

うれしき」。明和九年三月二十六日、鷹山が初めて行った藉田《せきでん》の礼に際して、竹俣当綱が詠じた和歌である。藉田とは、中国の周代、天子が南郊に行幸して田を一耜《ひとすき》親耕し、民に農事を勧める勧農の儀式である。「藉田解」と題した鷹山自筆の冊子（『平洲先生と米澤』）に、「藉田とは古天子南郊に行幸あって、親く耜《すき》を取玉ひ、田を一耜耕し玉ひて、……天下の民に先《さきだ》ち農事を勧め玉ふ」とあるように、鷹山はこれに倣《なら》って「富国安民」を目指して、自ら先頭に立って農事を勧《すす》め、民を教え導こうとしたのである。当日の鷹山は、白子・春日両社に参詣した後、城南遠山村に入り、奉行・郷村次頭取・郡奉行以下諸役人が並び迎えるなか、小屋に入り、「御小納戸《おこなんど》開作」と名づけた四段余りの田地において、自身三鍬《くわ》を入れた。その後、奉行三名が合わせて二七鍬、郷村次頭取らが四五鍬、勘定頭次役らが七二鍬、懸役九九鍬、作男三〇〇鍬を入れた。以後藩主在国時の恒例と

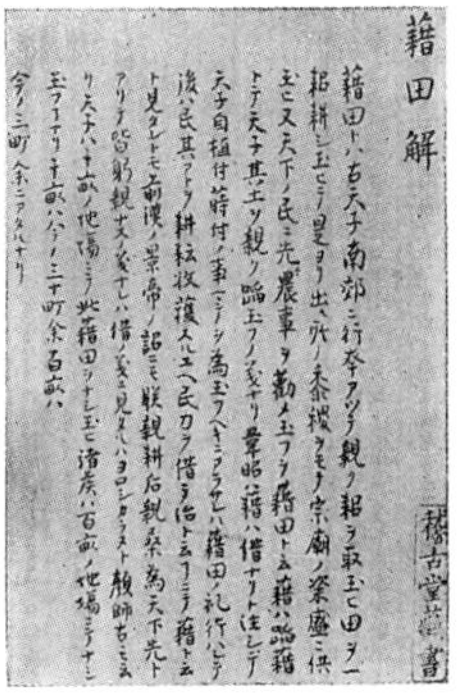

上杉鷹山「藉田解」『平洲先生と米澤』

なったこの儀式について細井平洲は、「万民の安利を思し召されてこそ、もったいなくも南郊の汚泥に御足をけがし、鋤鍬《すきくわ》を取り給いしその御心……希代の美事、六十余州の手本なるべし」と述べている（『建学大意』）。こうして安永年間の「地の利を尽くす」ための開発・殖産政策の大々的な展開の始点に位置する藉田の礼は、改革を象徴する行事とされたといえよう。

現在、米沢市遠山町には「上杉鷹山公藉田之遺跡」の石碑が建つ。明治三十五年に建てられたもので、書は米沢出身の農商務大臣平田東助《ひらたとうすけ》によるものである。明和八年（一七七一）六月五日に鷹山が雨乞《あまご》いの祈願を行い「鷹山公雨乞之碑」が建つ同町愛宕《あたご》神社の麓の地蔵園にも、秋月種樹筆の「上杉鷹山公藉田碑」が建てられた。これらの碑とその所在地は、「富国安民」を願った鷹山や竹俣の思いを偲《しの》ばせるとともに、明治期以降、鷹山が殖産のシンボルと見なされたことをも想起させる史跡である。

黒井半四郎灌田紀功の碑

高畠町福沢

高畠町福沢の喜多院に、神保蘭室が碑文を撰した「黒井半四郎灌田紀功の碑」がある。北条郷（現南陽市域等）村々の用水不足を解決するため、御仲之間年寄黒井半四郎が計画し、寛政九年（一七九七）に完成した黒井堰《せき》の恩恵を受けた北条郷農民が享和元年（一八〇一）に建てたものである。黒井堰は、飯豊穴堰《いいであな》とともに米沢藩の二大土木工事とされ、北条郷村々の旱害《かんがい》解消のための用水補給を目的に、寛政六年起工、窪田村（現米沢市）から赤湯村・梨郷村（現南陽市）などの各方面への水路・堰を設ける大工事で、総経費一九〇〇貫文余（うち、村々の負担が六四〇貫文余）、延べ一〇万人の人夫を動員し、一切の事業が完結するまでに六ヵ年の歳月を要した。藩主治広や鷹山は、完成箇所を順次見分し、手伝い人夫らを労った。黒井堰の名は、寛政七年六月、治広・鷹山が堰を巡視した際に、半四郎の功を賞して命名したと言われる。これが実際に村々の用水不足解消につながったことは、「黒井半四郎灌田紀功の碑」の建立によっても知られよう。

黒井半四郎灌田紀功の碑

だが一方で、計画には無理な部分もあったことから、天保年間までに堰の一部は荒廃し、また、維持管理についても村々の負担となる側面があった。すなわち、寛政十一年に堰普請《ふしん》人足を村々平均割にして差し出すことが定められているが、享和四年には、鍋田村戸田新兵衛から、「御公儀様の御恵みを顧みずに申し出るのでは決してございませんが……」と、藩による「御恵」の意向を踏まえながら、「黒井堰人数御除き下されたく細々語り上げ申し候事」という人足御免の願書が提出されているのである

（『南陽市史編集資料』第四号）。黒井堰とその碑の背後には、改革を象徴する政策が村々・百姓との葛藤の中で維持運営されていったという事実が存在していたのである。

常慶院

米沢市南原横堀町二八四四

「稲の花、見事に咲き出で申し候。一言の異論もござ無く候。但し、文字に記し候品は、いつの代にかは世の中へも伝わり、諱忌《きき》を避け申し候所を筆入れ仕り候」。第Ⅰ章でも紹介した、「衆士の手伝い」の江戸での評判を報じた竹俣当綱宛細井平洲書簡の一節である。引用の冒頭にある「稲の花」というのは、竹俣が家臣団自身による普請等への従事が正当であることを主張した『稲の花』（安永二年六月成立）という書物を指している。平洲は文章を添削した上で、同書を見事と評し、その主旨に全く異論がないとする。自身の強い意向で米沢藩に招いた平洲と竹俣との親密な関係を示す書簡である。竹俣が鷹山に対して、「右に細井（平洲）、左に三谷（三九郎）」という訓示をしたことがある。「地利」（殖産）と「教化」によって米沢藩を立て直そうとした竹俣が両者を頼みとし、特に「教化」の面では平洲をすこぶる重んじたことがよく伝わる言葉である。

　一方で、失脚後に竹俣が著した『治国大言録』には、竹俣罷免の理由に触れた平洲の書翰に接して「細井の来翰一笑に余り候」という一節もあり、そこに両者の間での深刻な思想的対立を見る向きもある。しかしこの時の竹俣には、自身の推進した政策を天明期の政権が撤回したことに対する強い苛立ちがあり、こうした話題になるとつい語気が荒くなるというところがある。だからこれは、決定的な対立を示すものではなく、『治国大言録』や『国政談』か

竹俣当綱墓碑

らはむしろ、竹俣が平洲招聘の成功を終生誇りとしていたことがうかがわれるのである。

　平洲から見た竹俣はどのような人物だったろうか。自身を格式ある大名家の賓師《ひんし》に迎え、学問に理解を示さない上杉重定の藩主としての権威を拠り所とした「佞臣《ねいしん》」森平右衛門を誅《ちゆう》し、「衆士の手伝い」で江戸での評判を高めた後も平洲が第一に重視する「教化」に熱心に取り組んだ人、ということになろう。竹俣の没後、平洲が撰した当綱の墓碑銘は、このような平洲の竹俣像をよく表現したものとなっている。竹俣当綱の墓は、南原横堀町の曹洞宗寺院で、分福茶釜《ぶんぶくちやがま》の伝説も残る常慶院にある。細井平洲撰の墓碑は、同寺墓地に並ぶ竹俣家代々の墓のなかにたたずんでいる。

長泉寺

米沢市城南五—一—一ＪＲ南米沢駅より徒歩六分

長泉寺莅戸家墓所　米沢市提供

　七家騒動の勃発後間もない安永三年、莅戸善政は鷹山に対して二通の言上書を差し上げた。上杉家文書に残された「上治憲公書案」によると、莅戸から見た鷹山は、近習と「鳥と馬との御評判」や無駄話ばかり、諸役人の士気の鼓舞も不十分、細井平洲の講釈を聞いても「今日の御政事に御引き合わせの御論」もない。さらには、鷹山の「風儀」は「江戸風」「色男」の「風俗」であり、「心ある諸士」の視線が気がかりであるなど、莅戸の上言は手厳しい。七家騒動の際、遺書を記すほどの緊迫した状況に立たされた経験が、莅戸をして鷹山に藩主としての政治姿勢を厳しく問わしめたのである。

　このような鷹山小姓としての直言、鷹山の名を世に知らしめた『翹楚篇』の執筆、そして寛政改革の遂行と米沢藩政改革で極めて大きな役割を果たした莅戸善政の墓所が、城南（七軒町）の曹洞宗長泉禅寺にある。同寺墓地の一角、一本杉の近くに広めのスペースを占める莅戸家代々の墓地の正面中央に、「好古院殿莅國善政居士」と刻まれた莅戸善政の墓碑が所在する。同寺は、旧米沢高等工業学校本館のある山形大学工学部の隣に位置し、同寺付近の県道沿いには「莅戸善政（太華）の墓」の案内板がある。

春日山林泉寺

米沢市林泉寺一—二—三JR南米沢駅より徒歩一四分

安永六年十一月二十五日の深夜、鷹山は人目を忍んで居所を出、主水町《もんど》に向かった。行く先は、奉行・竹俣当綱の自宅である。気力が衰えたことを理由に、先例に則って小姓頭を通じて隠退の意向を伝えてきた竹俣を慰留しようというのである（天明五年『先祖書』上杉文書）。改革がまだ半ばにも至っていない現在、隠退を考えるべき時ではない、という鷹山の説得に対し、予想外の寵《ちょう》遇《ぐう》に感激した竹俣は謹んで命を奉じたという。この時の鷹山の行動は、「無類のお成りを以て（隠居の）お差し止めを仰せつけられ」と言われた（上杉家文書一一三五、天明二年仲冬日深沢昌常上書）。

林泉寺山門　米沢市提供

実は、この時、鷹山がくぐった竹俣家の門がいまに伝えられており、現在でも見ることができる。明治三十五年に竹俣屋敷（現九里学園高校）から移築された際の移転先である春日山林泉寺の山門がそれだ。春日山林泉寺は、上杉氏の米沢移封に伴い、元和三年（一六一七）に越後高田より現在地に移転してきた曹洞宗寺院である。上杉氏（長尾氏）の菩提寺である同寺境内の一角には、藩主上杉氏の奥方や子女、支藩主の墓所があり、鷹山の側室お豊の方の墓もここにある。境内にある直江山城守兼続夫妻および武田信玄六男信清の墓は県指定史跡となっている。

酒造資料館東光の酒蔵

米沢市大町二―三―二二

寛政元年、莅戸善政が世子治広のために著した明君録＝『翹楚篇』には、五十数箇条にわたって、鷹山の「明君」ぶりを伝える言動が描かれている。例えば、安永六年十一月、九十歳以上の老人を、諸士は城内に、百姓町人は代官所に、家族ともども召し出して時服・金子を下賜し、その場で料理を振る舞った（養老の典）。鷹山は自ら親しく言葉をかけて老人たちにあれこれ問い尋ねたという。養老や孝行の浸透に意を用いた鷹山の姿を浮かび上がらせた逸話である。他方で、飢饉《ききん》によって不安が広がる中、霖雨《りんう》が続いた天明四年六月十一日には、鷹山は謙信の霊屋である御堂で二夜三日の祈祷を行い、その間、食を断って天候の回復を願った。民に対する鷹山の誠の心が神に通じたのか、十三日以降、晴れて大暑になった、と莅戸は記している。このような莅戸の描写には脚色や誇張が含まれているかもしれないが、描写の原型となる史実が存在することもまた確かである。

酒造資料館 東光の酒蔵　米沢市提供

そうした史実を伝える鷹山直筆の書状などを数多く展示しているのが、酒造資料館東光の酒蔵だ。同館の上杉鷹山公展示室（常設展）には、養老の典を描いた軸（天明四年、目賀田雲丈書）や孝子札の表彰文、断食について上杉中務大輔《なかつかさたいふ》（治広）に宛てた六月十七日付同弾正《だんじょう》大弼《だいひつ》（鷹山）書簡（天明四年）のほか、鷹山直筆の漢詩、大倹実施について鷹山から諸大夫に宛てられた十一月十三日付書簡、九月十六日付上杉弾正大弼宛同越前守《えちぜんのかみ》治憲書状（寛政四年）、細井平洲の書など、よく知られた鷹山の事跡に関わる史料がズラリと並んでいる。絵画や年表のパネルも展示されていて、鷹山が残した史料を直接目にしながら、その姿に思いを馳《は》せることができる。

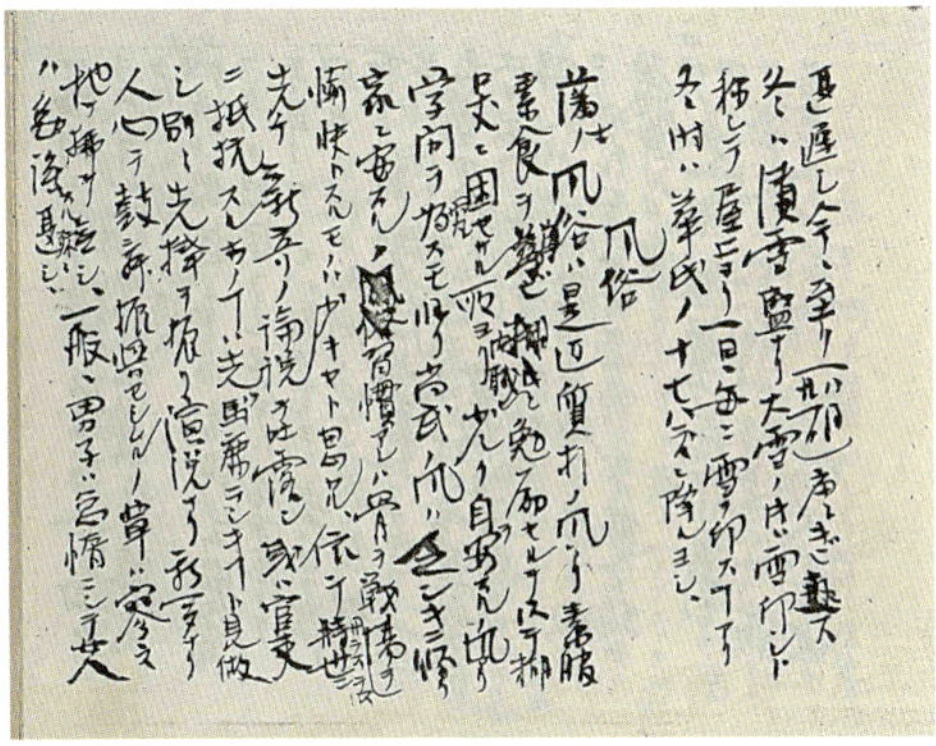

新島襄「遊奥記事」

なお、筆者が同館を訪れた折には、二〇一三年のＮＨＫ大河ドラマ「八重の桜」の主人公・新島八重とその夫である同志社大学の創設者・新島襄に関するパネル展示が行われていた。それによると、明治十五年、米沢を訪問した新島襄は鷹山について、「士族困窮、学問振わず、公大にこれを憂い、大事より細事に到るまで、ことごとく改革を加えり。その内、最も著しきものは殖産と学校なり」と記して「上杉の中興」と呼び、鷹山が世話した養蚕が盛んになり、現今知らぬ者のない米沢織の起源となったと指摘している（『遊奥記事』）。お酒の味わいも含めて、多くの発見があるに違いない場所である。

普門院・羽黒神社

米沢市関根一三九二八

寛政八年（一七九六）九月六日、細井平洲が老体をおして三たび米沢に下った際、上杉鷹山は平洲を米沢郊外の「羽黒堂」（現羽黒神社）に出迎え、平洲とともに参道を歩んで、普門院で長旅を労った。「敬師郊迎」と呼ば

普門院　一字一涙之碑　米沢市提供

れる鷹山のこの行動は、明治期以降、「上杉鷹山は平洲を先生にしてがくもんをしました。……（平洲を）ふかくうやまひました」というように、国定修身教科書に絵入りで取り上げられることになった。今でも米沢市関根は「敬師の里」として広く認知されるなど、「敬師郊迎」は、現在も米沢地域における歴史意識の一角を構成する大きな要素となっている。

普門院・羽黒神社が「敬師郊迎」跡として、このように広く知られるようになった契機を伝える碑が、普門院境内に残された「一字一涙之碑」だ。この言葉は、細井平洲が門人樺島石梁《かばしませきりょう》に「郊迎」の様子を詳細に伝えた書簡に、神保蘭室《じんぼらんしつ》が付けた跋文《ばつぶん》（「これを読めば一字一涙……」）からとったものである。この書簡が世に喧伝されたことが、「敬師郊迎」の事跡を広く知らしめたのである。

近代になってこの逸話が教科書にも採用されるようになると、普門院・羽黒神社（明治五年～昭和七年まで大物《おおもの》忌《いみ》神社と称す）を史跡として保存・顕彰しようという機運も生まれた。大正四年には南置賜郡《みなみおきたまぐん》教育会によって「一字一涙之碑」が建てられ、昭和七年には、山上村郷土調査会から文部省に対して普門院・羽黒神社の史跡保存指定申請が行われた。本殿屋根修繕や社標建設などの整備が行われ、同九年には文部省から派遣された荻野仲三郎博士による調査も済み、同十年に羽黒神社・普門院両境内・参道が「上杉治憲敬師郊迎趾」として「国指定史跡」とされたのである。同二十五年、羽黒神社には「上杉治憲命」と「細井徳民命」を増祀し、翌年には「一層明賢の遺徳昂揚にご努力下されたい」という理由で、「平洲先生御請待之留書」「平洲先生御請待行事書」「寄贈書」（この三冊は「羽黒神社寶書」と呼ばれる）が上杉家から同社に寄贈された（以上、羽黒神社編集『上杉治憲敬師郊迎と羽黒神社』協和、二〇一二年）。

このように、羽黒神社・普門院は、鷹山の人柄や行動を偲ばせるとともに、寛政から昭和に至るまで鷹山に注がれ続けた眼差《まなざ》しをも映し出す史跡である。

文教の杜ながい・丸大扇屋

長井市十日町一―一―七
ＪＲフラワー長井線あやめ公園駅より
徒歩六分

米沢藩領民の中には、鷹山を理想の政治リーダーと見なして信奉する人びとが少なからず存在した。在郷町宮村の商家扇屋の七代目当主・長沼忠兵衛政成（一七九一～一八六六）はその一人である。彼は、天保四年十二月に子孫に向けて著した教訓「こころかけ」（文教の杜ながい長沼家文書）で次のように述べている。「上杉鷹山公という至聖の君主は、文武兼備で聡明鋭敏、天朝の規格を戴き、儒教を羽翼として国家を治め、下々の民の困窮を救い、法度を正し、莅戸太華大夫を登用された。その政治・徳行は尊崇すべきものだ。……安永五年からは備米蔵を建設し飢饉に備え、享和二年には豊年なのに『かてもの』という書物を万民に下された。このような見識ある仁政のありがたさは言葉に尽くせない……」、「蚕桑役場でお世話をなされたので、桑の栽培が盛んになり、米価安の一方で絹糸は高値がつくから、みな田を桑畑に作り替え、生涯安泰に過ごしている」と。鷹山を「聖賢」として強烈に思慕する政成の意識がよく表れている。

長沼政成が居住した宮村は、官民の河岸が置かれて、隣の小出村とともに下長井郷一帯の中心的な在郷町を形成していた。長沼家は一八世紀前半、古手の販売を始めた三代目忠兵衛の頃から発展したと言われ、五代目忠兵衛富真の時に青苧《あおそ》仲買を始めると、六代目長沼忠兵衛政盛（一七六三～一八三九）の代には、反物類の販売を経営の中心とする（売上三四両余、全体の八四％、他に金融で一八両余、田畑三町四反余所持）有力呉服商として定着した。天保期以降は村の肝煎《きもいり》などをつとめる一方、数十両から一〇〇両ほどの上納金を何度か藩に納めている。

長沼政成の時代の宮村は蚕利一〇六四両余（文政十一

文教の杜ながい　丸大扇屋

年）と、米沢藩領でも有数の蚕利をあげる村だった（『元置賜村反別』、『山形県史』資料篇一六所収）。宮村はじめ、小出村や成田村、五十川村といった下長井地方の村々は、米沢藩領において文化文政期にかけて急速に隆盛し重要な産業となった養蚕・桑栽培の一つの中心地であり、米作の倍以上の利益があがることから、藩・民双方に富をもたらす源泉と見なされるようになっていた（『背曝』）。こうしたなかで、享和元年から絹糸・真綿の、文化四年から撰苧・糸綿等の鑑札を取って絹糸・真綿の問屋となった長沼家は、最もその恩恵に与る層だったのである。

　かくて長沼家には、鷹山の言行録『翹楚篇』、著述集『南亭余韻』、学問の目的が修身にあることを説いた鷹山の著述『学問大意』など、鷹山に関するいくつもの本が収められるようになった。中には、明和六年の鉄砲上覧先勤争いの際の説諭「元徳院様御治世御触書」（『米澤御一圓明細秘鈔』所収）、寛政二年の藩財政収支を記した「御一円明細帳」、莅戸善政著『寡婦利』などもある。長沼家には、鷹山が長きにわたり指導した藩政改革の展開を多角的に理解しうる諸種の書物が揃えられていたのだ。

　現在、丸大扇屋の敷地には、七棟の建物がある。嘉永元年建造で往時の様子を復元した店で大福帳やそろばん・看板などを展示する内蔵（幕末期建造）、生活用具を展示する明治二十三年建造の母屋などである。このうち、最も古い天保三年の棟札が残る味噌蔵は、長沼家文書などの歴史資料の保管・収蔵に用いられており、扇屋七代目当主・長沼忠兵衛政成が収集した鷹山や米沢藩関係の書物をはじめとする多くの史料が収められている。江戸時代に鷹山を慕《した》った一商人の姿を偲ばせる史跡である。

【参考文献】

甘糟継成編『鷹山公偉蹟録』（鷹山公偉蹟録刊行会、一九三四年）
池田成章編『鷹山公世紀』（吉川弘文館、一九〇六年）
荻慎一郎「中期藩政改革と藩「国家」論の形成」（『歴史』五一、一九七八年）
小関悠一郎「米沢藩寛政改革における農村政策」（『日本文化研究所研究報告　別巻』一七、一九八〇年）
小関悠一郎『〈明君〉の近世―学問・知識と藩政改革―』（吉川弘文館、二〇一二年）
小関悠一郎「明君像の形成と「仁政」的秩序意識の変容」（『歴史学研究』九三七、二〇一五年）
杉原謙『莅戸太華翁』（杉原謙、一八九八年）
大乗寺良一『平洲先生と米澤』（平洲先生と米澤刊行会、一九五八年）
辻本雅史『近世教育思想史の研究』（思文閣出版、一九九〇年）第二章
マーク・ラヴィナ『「名君」の蹉跌』（NTT出版、二〇〇四年）
横山昭男『上杉鷹山』（吉川弘文館、一九八六年）
横山昭男編『上杉鷹山のすべて』（新人物往来社、一九八九年）
「特集　藩政改革の思想」（『歴史評論』七一七、二〇一〇年）
『上杉家御年譜』九・十（米沢温故会、一九七九年）
『山形県史』第三巻近世編下・資料編三・四・一六（山形県、一九六〇～八七年）
『米沢市史』第三巻　近世編2（米沢市、一九九三年）
『（特別展図録）上杉鷹山―改革への道』（米沢市上杉博物館、二〇〇四年）
『（特別展図録）上杉鷹山の財政改革―国と民のしあわせ』（米沢市上杉博物館、二〇一二年）

※これらの他にも数多くの文献があるが、省略せざるを得なかった。また、多くの日本史通史シリーズ当該巻・事典等において上杉鷹山・米沢藩政改革に言及があるので、そちらも参照されたい。

上杉鷹山略年表

和暦	西暦	年齢	事跡
宝暦元	一七五一	一	七月二〇日、高鍋藩主秋月種美二男として誕生。
五	一七五五	五	凶作により大飢饉、被害一一万石余。五月、米沢城外南原の下士、李山村・関村の窮民を煽動して城下町に乱入。
九	一七五九	九	三月、上杉重定の養子に内約。
一〇	一七六〇	一〇	六月二三日、世子に定まる。一〇月一九日、秋月家一本松邸から上杉家桜田邸に移る。
一一	一七六一	一一	八月、竹俣当綱江戸家老となる。一一月、重定、江戸で細井平洲の講談を聴聞。
一二	一七六二	一二	五月、森平右衛門、郡代所を設置し頭取となる。
一三	一七六三	一三	二月、竹俣当綱ら二之丸会談所で森平右衛門を殺害する。
明和元	一七六四	一四	一一月、桜田邸において細井平洲の初講談をうける。この年、幕府への領知返上を画策するも中止。
二	一七六五	一五	一一月、竹俣当綱奉行（家老）となる。
三	一七六六	一六	七月、元服、従四位下・弾正大弼に叙任され、治憲と改名。
四	一七六七	一七	四月二四日、家督し第九代米沢藩主となる。八月、春日社に誓文奉納。九月、藩士に十年間の大倹執行を命じる。
六	一七六九	一九	八月二三日、幸姫と婚礼の典。一〇月二七日、米沢に初入部を果たす。幕府より西之丸御手伝普請を命ぜられる。
七	一七七〇	二〇	六月、お琴（後お豊）の方を側室とする。
八	一七七一	二一	五月、細井平洲を初めて米沢に招く、金子伝五郎ら入門。八月、早魃により御堂・愛宕山にて雨乞い祈願。一二月、郷村頭取・郡奉行を設置、「郷村勤方心得」を発布。
安永元	一七七二	二二	二月、江戸大火により桜田・麻布両邸が焼失。三月、城西遠山村において藉田の礼を行う。五月、江戸藩邸再建のため藩士手伝いにより材木を伐採（以後安永四年まで「御手伝忠信道」実施）。九月、郷村出没一二名を任命。
二	一七七三	二三	六月、奉行千坂対馬ら重臣七人、改革政策の撤回・竹俣当綱らの罷免を求め強訴（七家騒動）。
三	一七七四	二四	六月、北寺町に備籾蔵を新設。この年、初めて藩の「会計一円帳」を作成。

	四	一七七五	二五	九月、樹芸役場を設置し、漆・桑・楮の各一〇〇万本の植立に着手。一一月、
	五	一七七六	二六	四月、学館（興譲館）再興。八月、細井平洲、再び米沢来訪、学制を制定。 越後小千谷より縮師を招く、縮役場設置。
	六	一七七七	二七	二月、細井平洲、小松・米沢で百姓・町人に講話。八月、川井小路に義倉建設。
天明	二	一七八二	三二	一〇月二九日、奉行竹俣当綱を押込隠居に処す。
	三	一七八三	三三	一一月、莅戸善政隠居。この年、大凶作により被害一一万石余。備籾蔵、義倉より払米。
	四	一七八四	三四	八月、備荒貯蓄二〇ヶ年計画を定める。
	五	一七八五	三五	二月六日、隠居し治広家督。治広に対し「伝国之辞」を贈る。九月二二日、三の丸隠殿（餐霞館）に移る。
	七	一七八七	三七	四月、樹芸役場・郷村出役廃止。八月一八日、実父秋月種美看病のため出府。九月、将軍家斉より在職中の善政を賞される。
寛政	元	一七八九	三九	九月、莅戸善政著『翹楚篇』成る。
	二	一七九〇	四〇	一〇月、中条豊前出府し国政大改革を治広に進言。この年、藁科立遠『管見談』を呈す。
	三	一七九一	四一	一月、莅戸善政を中老に任ずる（寛政改革開始）。三月、大手門前に上書箱設置。一一月、博奕死刑制を弛め、徒罪、欠所などに改める。
	四	一七九二	四二	八月、郷村出役再設置。一一月、御国産所設置。諸士二三男の土着奨励。
	五	一七九三	四三	一一月、医学館好生堂を設立。竹俣当綱死去。
	六	一七九四	四四	一一月、莅戸善政奉行となる。
	七	一七九五	四五	六月、黒井堰完成。赤湯村鍋女禁止。
	八	一七九六	四六	九月六日、細井平洲三たび米沢訪問（「敬師郊迎」）。
	一〇	一七九七	四七	異国船防備のため三カ年の大倹約令を出す。
	一一	一七九九	四九	飯豊山穴堰の工事始まる。
享和	元	一八〇一	五一	農民・町人の伍什組合制度を布達。
	二	一八〇二	五二	一一月、総髪とし、鷹山を名乗る。『かてもの』を版行し町在に頒布。
	三	一八〇三	五三	一二月、莅戸善政死去。
文化	三	一八〇六	五六	二月、『養蚕手引』を版行し希望者に頒布。この年、幕府儒官古賀精里を世子師範とする。
	四	一八〇七	五七	一二月、青苧一件に関し服部豊山・神保蘭室らを処分。
	九	一八一二	六二	九月、治広隠居、斉定家督。
文政	五	一八二二	七二	死去。

著者略歴

一九七七年　宮城県仙台市に生まれる
二〇〇八年　一橋大学大学院社会学研究科博士後期課程修了
現在　千葉大学教育学部准教授　博士（社会学）

〔主要編著書〕
『〈明君〉の近世―学問・知識と藩政改革―』（吉川弘文館、二〇一二年）
『藩地域の政策主体と藩政―信濃国松代藩地域の研究Ⅱ―』（共編著、岩田書院、二〇〇八年）
『よみがえる江戸時代の村田―山田家文書からのメッセージ―』（共編著、東北大学東北アジア研究センター、二〇一四年）

ひと人をあるく

人をあるく
上杉鷹山と米沢

二〇一六年（平成二十八）三月一日　第一刷発行
二〇二〇年（令和　二　）四月一日　第二刷発行

著者　小《こ》関《せき》悠《ゆう》一《いち》郎《ろう》
発行者　吉川道郎
発行所　株式会社吉川弘文館
郵便番号一一三―〇〇三三
東京都文京区本郷七丁目二番八号
電話〇三―三八一三―九一五一〈代表〉
振替口座〇〇一〇〇―五―二四四
組版　有限会社ハッシィ
印刷　藤原印刷株式会社
製本　ナショナル製本協同組合
装幀　有限会社ハッシィ

ISBN978-4-642-06791-1